雅学堂

第二辑

丛书·刘进宝 主编

史学鸿泥

常建华 著

读者出版传媒股份有限公司
甘肃文化出版社
甘肃·兰州

图书在版编目（CIP）数据

史学鸿泥 / 常建华著. -- 兰州 ： 甘肃文化出版社，
2024.6
（雅学堂丛书 / 刘进宝主编. 第二辑）
ISBN 978-7-5490-2985-3

Ⅰ．①史… Ⅱ．①常… Ⅲ．①史学－中国－文集
Ⅳ．①K207-53

中国国家版本馆CIP数据核字(2024)第107298号

史学鸿泥

SHIXUE HONGNI

常建华 ｜ 著

策　　　划 ｜ 郧军涛　周乾隆　贾　莉
项 目 负 责 ｜ 鲁小娜
责 任 编 辑 ｜ 刘　燕
装 帧 设 计 ｜ 石　璞

出 版 发 行 ｜ 甘肃文化出版社
网　　　址 ｜ http://www.gswenhua.cn
投 稿 邮 箱 ｜ gswenhuapress@163.com
地　　　址 ｜ 兰州市城关区曹家巷1号 ｜ 730030(邮编)

营 销 中 心 ｜ 贾　莉　　王　俊
电　　　话 ｜ 0931-2131306

印　　　刷 ｜ 兰州新华印刷厂
开　　　本 ｜ 880毫米×1230毫米　1/32
字　　　数 ｜ 211千
印　　　张 ｜ 9.75
印　　　数 ｜ 1~3000册
版　　　次 ｜ 2024年6月第1版
印　　　次 ｜ 2024年6月第1次
书　　　号 ｜ ISBN 978-7-5490-2985-3
定　　　价 ｜ 68.00元

学术的传承与人格的养成 (代序)

甘肃文化出版社2023年7月出版的"雅学堂丛书"共10本，即方志远《坐井观天》、王子今《天马来：早期丝路交通》、孙继民《邯郸学步辑存》、王学典《当代中国学术走向观察》、荣新江《三升斋三笔》、刘进宝《从陇上到吴越》、卜宪群《悦己集》、李红岩《史学的光与影》、鲁西奇《拾草》、林文勋《东陆琐谈》。由于这套丛书兼具学术性、知识性和可读性，从而得到了学界和社会的认可。2023年7月27日，在济南举办的第31届全国图书博览会上，读者出版传媒股份有限公司举行了"雅学堂丛书"新书首发暨主题分享会。全套丛书入选"2023甘版年度好书"；丛书之一的《当代中国学术走向观察》入选2023年9月《中华读书报》月度好书榜，并被评为"2023年15种学术·新知好书"。《光明日报》《中华读书报》《中国新闻出版广电报》《中国出版传媒商报》《甘肃日报》等，都发表了书评或报道，认为"雅学堂丛书""直面一个时代的历史之思"，被誉为"系统呈现了一代学人的学术精神"，"真实反映了一代学人把个人前途与国家命运紧密联系在一起严谨治学的点滴，诠释了一代学人的使命与担当"。"雅学堂丛书""既是视角新颖的学术史，也是深刻生动的思想史，更是一代学人的心灵史"。"丛书坚持'大家小书'的基本思路，将我国人文社科领域学术大家的学术史、思想史、学术交流史及其最新成果，以学术随笔形式向大众传播，让大众了解学界大家的所思、所想、所悟。"

一

鉴于"雅学堂丛书"出版后的社会影响，以及在学术界引起的关注，出版社希望能够继续编辑出版第二辑。经过仔细考虑和筛选，我们又选了十家，即樊锦诗《敦煌石窟守护杂记》、史金波《杖朝拾穗集》、刘梦溪《东塾近思录》、郑欣淼《故宫缘》、陈锋《珞珈山下》、范金民《史林余纪》、霍巍《考古拾贝》、常建华《史学鸿泥》、赵声良《瀚海杂谈》、李锦绣《半枰小草》。这些作者都是有影响的人物，他们的研究成果分别代表了各自领域学术研究的前沿。

在考虑第二辑作者的人选时，我想既要与第一辑有衔接，又要有不同。在反映一个时代的学术走向时，还要看到学术的传承，乃至人格的养成。

已经出版的"雅学堂丛书"10位作者是以"新三级"学人为主，而"新三级"学人在进入学术场域的20世纪70年代末80年代初，随着"科学的春天"到来，大学及研究生招生和教学逐渐走上正轨，加上学位制度的实施，到处洋溢着积极向上的氛围。我们的老师中既有20世纪初出生的老先生，也有30年代出生的中年教师。

老一代学者，由于从小就受到比较严格的家学熏陶或私塾教育，在民国时期完成了系统的学业，他们都有比较宽广的视野，学术基础扎实，格局比较大，因此在学术方法、理念和格局上，无意中承传了一个良好传统。"新三级"学子与他们相处，可以得到学识、做人、敬业各方面的影响。尤其是跟随他们读书的研究生，直接上承民国学术，站在了巨人的肩膀上。

为了反映学术的传承，我特别邀请了樊锦诗、史金波、刘梦溪、郑欣淼4位80岁左右的学人。他们的研究各具特色，樊锦诗先生的敦煌石窟保护与研究、史金波先生的西夏历史文化研究、刘梦溪先生以学术史和思想史为重点的文史之学、郑欣淼先生的故宫学研究，都代表了各自领域学术研究的前沿。

由于有了第一辑出版后的社会影响，第二辑约稿时，就得到了各位作者的积极响应，很快完成了第二辑的组稿编辑。

二

樊锦诗先生的《敦煌石窟守护杂记》收录了作者有关敦煌文化的价值、敦煌石窟保护研究的历程，敦煌石窟的保护、管理与开放和向前贤学习的文章26篇。作者写道："此生命定，我就是个莫高窟的守护人，故此我把这本书称为《敦煌石窟守护杂记》。希望本书能为后续文化遗产保护、研究、弘扬和管理事业起到一点参考的作用。"

刘梦溪先生的《东塾近思录》，按类型和题意，收入了 4 组文章：一、经学和中国文化通论；二、魏晋、唐宋、清及五四各时期的一些专题；三、对王国维、陈寅恪、马一浮的个案探讨；四、序跋之属。刘梦溪先生说："'雅学堂丛书'已出各家，著者都是时贤名素，今厕身其间，虽不敢称雅，亦有荣焉。"

郑欣淼先生是"故宫学"的倡导者，他曾任故宫博物院院长，并于 2003 年首倡"故宫学"。到 2023 年编辑本书时，恰好是整整 20 年。郑先生提出："故宫学是以故宫及其历史文化内涵为研究对象，集保护、整理、研究与展示为一体的综合性学问和开拓性学科。故宫学的提出有其丰厚而坚实的基础与依据。它的研究对象不仅丰富深邃，而且研究对象之间存在着不可分割的紧密关系，即故宫是一个文化整体，或者说故宫遗产的价值是完整的。正是基于对故宫是个文化整体的认识，故宫学的学术概念才有了更为丰富、厚重与特殊的内涵。这也是故宫学的要义。"又说："我与故宫有缘。因此我把这本小书起名为《故宫缘》。"

热爱考古的霍巍先生说："就像一个大山里来的孩子初见大海，充满了蔚蓝色的梦想，却始终感觉到她深不可测，难以潜入。更多的时候，只能伫立在海边听涛观海、岸边拾贝。——正因为如此，这本小书我取名为《考古拾贝》，这一方面源自我在早年曾读到过一本很深沉、很有美感的著作，叫作《艺海拾贝》，这或许给了我一个隐寓和暗示。另一方面，倒也十分妥帖——我写下的这些文字，时间跨度前后延续了几十年，就如同我在考古这瀚海边上拾起的一串串海贝一样，虽然说不上贵重，但自认为透过这些海贝，也能折射出几缕大海的色彩与光芒，让人对考古的世界浮想联翩。"

常建华先生说："我从事历史普及读物的写作，出版过《中国古代岁时节日》《中国古代女性婚姻家庭》《清朝大历史》《乾隆事典》等书。本书的首篇文章就是谈论如何认识普及历史知识的问题。我写过一些学术短文，知道此类文字写得深入浅出不易，引人入胜更难，自己不过是不断练笔，熟能生巧而已。""我的短文随笔成集，这是首次……内容多为学术信息类的书评，也有书序、笔谈、综述、时评等，题材不同，但尽量写得雅俗共赏，吸引读者。"

赵声良先生1984年大学毕业后志愿到莫高窟研究敦煌，他说："我在敦煌工作了40年，我的工作、我的生活都与敦煌石窟、敦煌艺术、敦煌学完全联系在一起了，不论是写文章还是聊天，总免不了要说敦煌，可以说'三句话不离敦煌'。"他刚到敦煌时就想写一本有关敦煌山水画史的著作，没想到30多年后的2022年，才在中华书局出版了《敦煌山水画史》。他感叹道：这本书的写作过程，"似乎也见证了：由'看山是山，看水是水'，发展到'看山不是山，看水不是水'，最后，又终于回归到'看山还是山，看水还是水'的历程。我在敦煌的40年的历程又何尝不是这样"。

"雅学堂丛书"第二辑的10位作者，年龄最大的樊锦诗先生，出生于1938年，已经是86岁的高龄；最小的李锦绣先生，出生于1965年，也接近60岁了。虽然他们已经或即将退休，但都以"时不我待"的紧迫感，仍然奋斗在学术前沿，展现了这一代学人的使命与担当。这代学人遭遇了学术上的重大转变，即20世纪80年代，是一个思想的时代。90年代初，思想淡出、学术凸显，王国维、罗振玉和傅斯年派学人、胡适派学人成为学界关注的重点，然后又提出有思想的学术与有学术的思想，还遇到了令史学界阵痛的"史学危机"。这些作者，经历了现代学术发展或转型的重要节点和机遇，既是"科学的春天"到来的学术勃兴、发展、转型和困顿的亲历者、见证者，又是身处学术一线的创造者、建设者。可以说，他们既在经历历史，又在见证历史、创造历史，还在研究历史，将经历者、创造者和研究者集于一身。这种学术现象，本身就值得我们思考和探讨。

三

从"雅学堂丛书"第二辑的内容可知，20世纪80年代初，伴随着"科学的春天"和改革开放的到来，束缚人的一些制度、规章被打破，新的或更加规范的制度、规章还没有建立。尤其是国家将知识分子从"臭老九"中解放出来，成为工人阶级的一部分。要"向科学技术进军"，实现四个现代化，就要充分发挥知识分子的作用。虽然当时经济落后，生活待遇不好，但老教授的社会地位高，有精气神，当时行政的力量还不强化，甚至强调就是服务。在这种背景下，20世纪初出生的老教授，在高校有崇高的地位。如武汉大学1977级的陈锋，1981年初预选的本科论文是《三藩之乱与清初财政》。历史系清史方面最著名的老师是彭雨新教授，陈锋想让彭先生指导论文，"不巧的是，在我之前已有两位同学选定彭先生做指导老师，据说，限于名额，彭先生已不可能再指导他人"。

陈锋经过准备后，就直接到彭先生府上请教。此前他还没有见过彭先生，到了彭先生家，"彭先生虽然很和蔼地接待我，但并没有像后来那样让我进他的书房，而是直接在不大的客厅里落座。我没有说多余的其他话，直接从当时很流行的军用黄色挎包里掏出一摞卡片，说我想写《三藩之乱与清初财政》的毕业论文，这些卡片可以说明什么问题，那些卡片可以说明什么问题，我自己一直讲，彭先生并不插话。待我讲完后，彭先生问：'这个题目和这篇论文是谁指导的？'我说没有人指导，是自己摸索的。彭先生说：'没有人指导，那我来指导你的毕业论文怎么样？'我说：'就是想让先生指导，听说您已经指导了两位同学，不敢直接提出。'彭先生说：'没有关系，就由我来指导。'再没有其他的话"。

"拜访彭先生后的第三天，系里主管学生工作的刘秀庭副书记找我谈话，问我想不想留校，我说没有考虑过，想去北京的《光明日报》或其他报社。刘书记说：'彭先生提出让你留校当他的助手，你认真考虑一下。'经过两天的考虑以及家人的意见，觉得有这么好的老师指导，留校从事历史研究也是不错的选择，于是决定留校工作"。"老师与学生之间这种基于学术的关系，对学生向学的厚爱，让我铭感终身。那时人际关系的单纯，也至今让我感叹，现在说来，似乎有点天方夜谭"。

南京大学1979级的范金民，1983年毕业时报考了洪焕椿先生的研究生。由于此前范金民还没有见过洪先生，也与他无任何联系，所以5月3日下午，是"吕作燮老师带我到达先生家"面试的。洪焕椿先生既未上过一天大学，当时又已是胃癌晚期。"如果按现在只看文凭和出身的做法，是不可能指导研究生的，又重病在身，不可能按现在的要求，在固定的时间和固定的地点上固定的课程。但先生指导研究生，一板一眼，自有一套，考题自出，面试自问，课程亲自指导，决不委诸他人。一年一个研究生，每人一本笔记本，记录相关内容。先生虽不上课，但师生常常见面，虽未定规，但学生大体上两周一次到他家请益，先生释疑解惑，随时解决问题。需查检的内容，下次再去，先生已做好准备，答案在矣。"

　　笔者也是1979级的甘肃师范大学学生，1983年毕业前夕，敦煌学方兴未艾，西北师范学院（甘肃师范大学1981年恢复原校名西北师范学院）成立了敦煌学研究所，我非常幸运地被留在新成立的敦煌学研究所。1985年我报考了金宝祥先生的研究生，当初试成绩过线后，有一天历史系副主任许孝德老师通知，让我去金先生家面试。由于金先生给我们上过课，平时也曾到先生家问学，先生对我有一定的了解。当我到金先生家时，先生已在一张信纸上写了半页字的评语，让我看看是否可以。我说没有问题，先生就让我将半页纸的复试意见送到研究生科，我就这样被录取为硕士研究生了。这种情况正如陈锋老师所说，在今天根本是不可能的，简直就是天方夜谭。

"雅学堂丛书"的宗旨是学术性、知识性、可读性并具。要求提供可靠的知识，如我们读书时曾听到过学界的传言，即在"批林批孔"时，毛泽东主席说小冯（冯天瑜）总比大冯（冯友兰）强，但不知真伪，更不知道出处。陈锋的书中则有明确的记述："当时盛传毛泽东主席的指示'小冯比老冯写得好'。据后来出版的正式文献，当年毛泽东主席指示原文为：'要批孔。有些人不知孔的情况，可以读冯友兰的《论孔丘》，冯天瑜的《孔丘教育思想批判》，冯天瑜的比冯友兰的好。'""我对当时冯先生在而立之年就写出《孔丘教育思想批判》（人民出版社1975年出版），感到好奇；对毛主席很快看到此书，并作出指示，更感到好奇。"

　　范金民老师笔下的魏良弢先生，不仅对学术之事非常认真，还活灵活现地展现了20世纪90年代中期的学术生态。"20世纪90年代中期，我们明清史方向有位硕士生论文答辩，我请他主持。临答辩时，他突然把我叫到过道对门的元史研究室，手指论文，大发雷霆道：'你看看，你看看，什么东西，你们明清史是有点名气的，可照这样下去，是要完蛋的！'我一看，原来是硕士学位论文中有几处空缺。当时论文都是交外面的誊印社用老式中文打字机打印，有些冷僻字无法打印，只能手书填补。我曾审读过某名校的博士学位论文，主题词郑鄤之'鄤'，正文中几乎全是空缺，我好像还是给了'良'的等级。答辩时，我结合论文批评了那位学生做事不求尽善尽美而是草率粗放，而且论文新意殊少，价值不大，学生居然感觉委屈，睾在那里不愿出场回答问题。本科生、研究生批评不得，至迟从那个时候就开始了，世风日下，遑论现在!"

这样知识性、可读性兼具的文字在各位作者的论著中比比皆是，自然能得到大家的喜爱。

"雅学堂丛书"的作者都是一时之选，各书所收文章兼具学术性、知识性和可读性，可谓雅俗共赏。希望第二辑的出版不辜负读者的期待。这样的话，可能还有第三辑、第四辑，乃至更多辑。

最后，感谢各位作者的信任，将他们的大著纳入"雅学堂丛书"；感谢具有出版魄力、眼光的郎军涛社长的积极筹划，感谢周乾隆、鲁小娜率领的编辑团队敬业、认真而热情的负责精神，既改正了书中的失误，还以这样精美的版式呈现给读者。

刘进宝
2024 年 4 月 24 日初稿
2024 年 5 月 9 日修改

前　言

宋代文豪苏东坡诗云："人生到处知何似，应似飞鸿踏雪泥。泥上偶然留指爪，鸿飞那复计东西。"以大雁在雪泥上踏过留下的爪印比喻往事遗留的痕迹，遂有成语"鸿泥雪爪"流传至今。学者发表文章，也可以说是治学留下的痕迹。文章有规范论文，也有书评、序言等，都是治学留痕。不过短文随笔散在各处，搜寻不易，容易湮没。"雅学堂丛书"将这类文章结集出版，实在是件好事。我承蒙受邀，遂将拙编名为《史学鸿泥》，以符其实。

本集收罗各式文章38篇，为避免杂乱，将这些文章分为史学观念、宗族乡约、学术杂笔、前辈学行、师友书评五个部分，反映出不同的主题，为了读者把握各部分的具体内容与精华所在，首先钩玄提要如下：

史学观念部分，就史学界谈论的"史学危机"与"历史热"略述己见，认为历史学家有责任为社会提供优秀的普及类读物。笔者观察到史学论文题目有从单标题到正副标题或提示语三段式的演变趋势，认为暗合着学术研究从重视对象到强调方法再到突出问题意识的演进。我国改革开放以来，学者从习以为常的生活中发现历史，为史学研究带来新视角与新方法。日常生活应当成为社会文化史研究的基础。中国社会史研究的复兴有其缘起、历程、状况及特征。作为现代史学一部分的中国社会史研究，诞生于20世纪初，经历了兴起、停滞和复兴等几个不同的发展阶段。

宗族乡约是我多年探讨的课题。社会学家杨开道对乡约研究提出许多问题，我也略有补充，与之对话。宋以后的宗族形态，我对元、明、清宗族的宏观论述着力较多，也对于山西洪洞宗族做过个案考察，特向读者分享了相关的体会。近十年，我着手多卷本《中国宗族通史》的编撰，特撰文反映课题组诸位先生的研究成果，认为中国宗族自商周至今经历了奠基、变异、转型、蜕变的阶段性变化。李贵录先生研究北宋三槐王氏家族，系统考证了三槐王氏的北宋世系，考索了三槐王氏的艺文，论述了三槐王氏家族生活及姻亲关系。我读该书的感想是，不应单纯地将宋代望族视为科举之家，还应深入研究其形态。章毅先生探讨宋明时期徽州宗族，利用元代徽州谱牒《汪氏渊源录》展开社会史和历史文献学研究，特别是揭示了徽州宗族早期历史的真相，将徽州早期居民程、汪两姓建构祖先的手法考证出来。我还概述了韩国传统与现代的宗族文化，并就宗族文化与中韩文化交流做了介绍。

学术杂笔的内容更为多样。我很荣幸，能为历史学家黄现璠的治学留下文字，这位出版了《唐代社会概略》《宋代太学生救国运动》《中国历史没有奴隶社会》等社会史专著的著名学者，晚年倡导构建"中国生活学"，意在开拓史学理论的新境界。刘尊志教授将考古学与文献研究结合起来探讨秦汉家庭，别开生面，值得推荐。周积明、宋德金先生主编的《中国社会史论》，凝结了中国社会史学界众多学者的心血。张笑川教授主编的《中国社会史导论》，是很有特色的新编教材。这两部书是社会史学界阶段性的重要成果。美术史学者朱青生研究民俗生活，探讨了将军门神的形成问题。日本学者川胜守先生的《明清江南市镇社会史研究——空间和社会形成的历史学》一书，将历史与特定的地理空间联系起来探讨社会的形成，注重社会文化史的研究，为我们描绘了一幅江南市镇普通民众的生活图景。朱小田教授的《江南场景：社会史的跨学科对话》，关注普通民众的日常生活及其民间文化。民间文献的收集整理研究是社会史研究非常重要且具有突破性的一项工作。张世明教授的《法律、资源与时空建构:1644—1945年的中国》，是一部"法眼"看历史的著作。吴十洲教授《乾隆十二时辰》通过乾隆三十年(1765)正月初八这一天，反映乾隆朝乃至清朝的统治特色。台湾大学《文史丛刊》中的社会史著作，《清史论丛》创刊四十年，都是我感兴趣的话题。

前辈学行记载了四位明清史学者。戴逸教授在纪念郑天挺先生诞辰百年时曾题词："师表垂后世，史才写探微"，对老师作为历史学家、教育家一生风范做了概括。我为先生写作传记，概述先生不平凡的一生。陈捷先先生是著名的清史与满学家，他受聘为南开大学客座教授，我与先生有过交往，特著文纪念。冯尔康先生是我的业师，特从史料学的视角介绍了先生对于社会史、清史的重大学术贡献。徐泓先生是著名的明史专家，也是社会史家，他的著作出版之际，我谈了学习感想。

师友书评。郑克晟老师的学术专著《明代政争探源》，从北方地主集团与江南地主集团斗争的观点阐述明代的政治斗争史，别开生面。陈生玺老师与杜家骥学长的《清史研究概说》一书，是指示清史研究门径的书，集学术性、资料性、工具性于一身。郭松义先生的《伦理与生活——清代的婚姻关系》一书，如同"霜刃未曾试"的好剑，以占有宏富扎实的资料攻破研究难题见长，将婚姻史的研究提到一个新的高度。冯尔康老师的《清代人物传记史料研究》，全面论述了清代人物传记史料的种类、来源、价值及利用方法，老师深厚的学术功力，令我想起"庾信文章老更成"的诗句。冯老师的《徽学研究》有助于女性史、宗族史及谱牒学等方面的研究。杨国桢先生的《明清土地契约文书研究》，被誉为"中国契约学"的重大成果、开拓契约文献学研究的新领域，我体会到该书对于日常生活史特别是农民生活的研究具有重要参考价值，还启发人们重新认识共同体问题。两部慈善史的专著引人注目，日本学者夫马进先生所著的《中国善会善堂史研究》一书具有拓荒的性质，他认为善会、善堂史的研究从人类历史中社会融合史的角度来看，也是重要的。梁其姿教授《施善与教化：明清时期的慈善组织》，从突出的社会现象变化入手，剖析行为者的思想共性、反映群体行为的精神生活，并且注意将中西方的社会文化进行比较。于志嘉教授《卫所、军户与军役：以明清江西地区为中心的研究》一书，将同一户下的人丁依其居住地或附籍地分作"原籍军户""卫所军户""附籍军户"三部分，集中探讨了"卫所军户"的户役负担与存在形态。赖惠敏教授《清代的皇权与世家》探讨了清代皇权对满汉世家的影响，为认识清代历史提供了新颖独特的视角。

编辑本集，谈了对师友学术研究的心得，表达了对前辈学者的敬仰，领略了多学科研究历史的风采，也把自己较为擅长的具体研究与学术观念分享给大家，是否可以做到兼具学术史、思想史与心灵史的性质，还请读者朋友有以教我。

目　录

史学观念

宗族乡约

学术杂笔

前辈学行

师友书评

史学观念

尊重史学的学术逻辑与社会效应

我是"文化大革命"结束恢复高考后进入南开大学读历史专业的，研究生毕业后留校从事历史学的教学、研究至今，在史学界已经三十多年了，经历了改革开放后我国历史学界的发展变化。这里就新时期出现的"史学危机"与"历史热"谈点个人感受。

二十年前的"史学危机"

20世纪八九十年代，史学界出现"史学危机"。首先是80年代中期史学界有过"史学危机"的讨论，随后，愿意研究历史的人减少，历史书籍的读者也在减少，似乎历史很边缘、很冷。其实这是表面现象，"史学危机"一定程度上是学术反思的产物，"危机"意味着"转机"，在一定程度上印证着经济与社会的变化。

那场"史学危机"的讨论，根本上来说是不满教条主义，是历史学思考理论方法的出路。本来"文化大革命"结束，伴随"科学的春天"到来，也出现了学术的春天，史学界首先砸碎"文化大革命"的极左枷锁，纠正片面的"阶级斗争"理论，结合历史批判专制主义、封建主义，进行拨乱反正。但是历史学界关心的问题，仍然不出"五朵金花"等老问题的范畴，乍暖还寒。随着思想解放，人们既不满意为经典理论做注脚式的诠释性研究，也不满意"回到乾嘉"的逃避现实的纯考证工作，希望摆脱禁锢，别开天地。

由于社会学、民俗学、人类学等学科相继恢复，国外社会科学的著作和动态被大量介绍到国内，开阔了历史学者的理论视野。史学研究者更加认识到吸收当代社会科学理论与方法开展研究的必要。20世纪50年代以后，社会经济史和农战史研究盛行，在揭示普通人民大众的经济生活方面取得一定成绩，但反映普通民众精神生活的著述甚少，历史研究需要从社会文化的视角揭示社会的精神面貌。文化史的研究从1984年起进入高潮，其理论基础是文化学，而文化学立足于文化人类学，文化史的研究必然把文化人类学的研究内容纳入视野，探讨作为人民大众文化的生活方式。而我国长期重视生产方式的研究，对于生活方式探讨不够，于是以生活方式、社会生活为特征的社会史便被提出来。伴随"史学危机"的讨论，文化史、社会史应运而生，有学者称文化史、社会史是改革开放后史学界出现的两朵奇葩。思想解放也带来史学理论的繁荣。

其实"史学危机"真正表现在职业的危机上。恢复高考之初，文科考生中，历史学取分曾名列前茅，人们厌倦了"文化大革命"的极左理论，感到研究历史相对客观，学术性强。但是，很快发现，随着国家将经济建设作为中心，历史学被边缘化。在政府加大对高校投入之前，高校经费严重短缺。随着"创收热"的经商下海，很多人富起来了，而搞历史的人走投无路，记得当年奖金是零、没有出差费的日子都有过。这样的历史学家自然失去吸引力，史学不危机才怪了。

关于20世纪八九十年代历史书的图书市场，我感到80年代图书种类较少，书价较低，学术书发行量较大，历史书还有市场。90年代出书难问题突出，可能关键是随着市场化，出书要补贴，书价上涨，读书人太穷，导致历史书市场萎缩吧。当然也有历史书的选题与叙述方式问题，题目陈旧与阅读性差的书难卖。记得黄仁宇《万历十五年》1982年出版，我立即买来阅读，被深深吸引。我也参与了商务印书馆"中国古代生活丛书"的策划，1995年出版的这套40本的普及读物，卖得还行。

近年来的历史热

近些年来出现了历史热。先是央视有关历史题材的《百家讲坛》把历史话题讲得引人入胜，接着出版讲稿，如《明亡清兴六十年》《品三国》《于丹〈论语〉心得》等书的印数高达几十万册，类似的书如柏杨版的《品三国》《明朝那些事儿》等也一起热销，历史题材的电视剧《康熙王朝》《汉武大帝》《大明王朝》《贞观长歌》等，吸引了历史学家和普通百姓的眼球。历史类影视、图书的市场一时繁荣。

如何看待这一现象呢？首先分几个层面来看，无论是电影还是电视，有宏大场面的历史正剧向来为人重视，如果艺术性也很突出，就更受人青睐。看这类影视作品，除了休闲娱乐之外，主要是接受知识，对于普及历史发挥了很好的作用。以百家讲坛为主的讲座，走的也是普及路线，更有说书的味道。《明朝那些事儿》等属于民间写史，吸引人是追求的目标。总的来说，这些热销的图书、影视作品，创作者比较考虑受众，面向市场。我感觉这类作品兼有普及知识与娱乐大众的特色。看过《明朝那些事儿》的一位研究生告诉我，该书写得很细致，历史细节吸引了他，说明这是该书的长处。

我们处于市场经济发展、竞争激烈及生活节奏加快的社会，人们需要休闲娱乐调节生活，同样我们进入电视时代，看电视在代替着读书并且视觉图像化，借助影视学习历史成

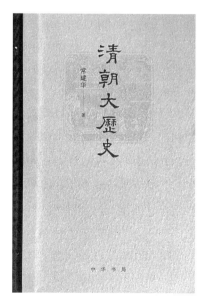

《清朝大历史》封面

为一种途径，要求作品要有放松身心的作用。上述作品满足了人们的文化需求与视觉感受，这或许是目前出现历史热的基本原因。央视的科教频道、海外频道及新出现的纪录频道的诸多历史节目，满足人们的需求，受人欢迎，适应了转型中的社会，未来会得到持续发展的。不过，目前历史热的作品中，还没有达到《万历十

五年》那样的境界，待改善之处还有。

时下的历史热实际上是一种社会文化现象，并不是真正的学术复兴，诸多的作者中只有个别属于专家，多是客串，综合与演义不少，独创不够，难以推动历史学的实质性进步。但是普及也很重要，满足趣味后，人们会有更专业的知识需求，对于历史学的发展有好处。如清宫戏之后是清史热，这些年清史的专业书籍卖得好就是一个比较突出的事例。

历史热中也有隐忧与危机。为了抢概念、占市场，改头换面的抄袭现象严重，信口开河者有之，胡编乱造者也有之，有时真是"人有多大胆，地有多大产"，不少非学术、非专业者浪迹其间。由于媒体缺乏严格的评审机制，把关不严，导致泥沙俱下。盛夏般的图书、影视市场中出现了喧嚣与躁动。

图书市场也告诉历史学家，改变历史叙事方式是很重要的。从历史热可以看到作为基础学科的史学为了更好的发展，应当反思一下自身的表达方式及如何贴近大众的问题。历史学属于人文学科，以人为本，注重精神状态很重要。科学史学、计量史学已经失去昔日的光辉，回归叙述史学是一种趋势。现代历史学的职业性，是以学位制度为保障的，研究历史的有关史料、基本理论方法等是稳定的，学位论文及研究性的专著要符合学术规范，有科学性。但是，也要在一定程度上注重可读性。如从前历史学专著的正文中有大段引用的史料，直接分析，现在很多著作减少大段引文或将大段史料放在注释，正文进行叙述分析。欧美学者遑论，连以重视史料、考证见长的日本历史专著也发生了这样的转变。而普及性的历史著作，更用特殊的叙述方式与语言风格吸引读者。这方面著名学者史景迁，他的《前朝梦忆：张岱的浮华与苍凉》《王氏之死：大历史背后的小人物命运》《中国皇帝：康熙自画像》等可谓妙笔生花。这些书还不只是普及，对学术都有所贡献。职业历史学家写好普及读物，更有生命力。不过，历史学家应当向作家、说书者、名嘴及媒体学习一些表达的技巧，学会讲故事。

总之，我们生活在一个转型社会，转型是多方位的。信息社会、网络时代改变了人们的沟通、表达及知识传播的方式，媒体一定程度上引导着社会，一方面人们受意识形态的影响，另一方面，生活富裕注重个性自由的人们，又在追求自我与休闲娱乐。历史学在保留严肃的求真务实的学术特性的同时，还需要有公共性与大众化，适应时代的需求，历史学家有责任为社会提供优秀的普及类读物。环球同此凉热，我国新时期历史学的冷与热，折射出历史学的学术逻辑与社会效应，一定程度上也是当代世界史学面临的问题。

（原载《社会科学报》2011 年 4 月 7 日）

从史学论文标题的变化看学术观念的转移

学术论文标题自然包括内容与形式两方面，这里所谓标题的变化指形式而言。自己是恢复高考后进入大学读书的，三十多年来阅读了不少史学论文，发现学人在论文的命题形式上发生了一些变化，即有从论文题目上加提示语的变化，或者说题目有从单标题到正副标题或提示语三段式的演变趋势，回想自己在论文标题上也有这种变化。因此，想就此谈点感想。

历史学论文的形式与命题

论文在中国传统的古文文体中，大体上属于论辩类。论是说明一个道理，辩是辩驳别人的言论。论，主要有理论、政论、史论、文论等类。理论文即学术论文。政论就是政治论文，针对政治形势、国计民生、治国方略等重大现实问题发表的文章。史论文或称史评，针对历史上的人物、事件发表自己的看法。辩、议，属于逆向议论，即不同意别人的意见而产生的议论，或反驳，或提出自己的不同看法。还有说、解都是说明、解释性的文字，形式轻便灵活。札记、论说是中国传统的论文形式，其名称也不出文体的制约。如贾谊《过秦论》就是最早的单篇论文，再如明代程敏政《篁墩文集》卷一一有《宋太祖太宗授受辩》《士农说》等，都属于论文，题目简明扼要。

论文是论说体，现代的学术论文更强调论文的观点与论据，采用章节体，有一套叙述方式。固然一篇论文的成功与否，主要取决于能否成功选题，翔实地征引文献、编配资料，以准确、流畅以致典雅的文词论述。但是，题目能否画龙点睛，也是论文写作的一环，不容忽视。

史学论文的题目一般要求平实，表达出所要论述的问题即可。不准确的题目是败笔，流于平淡的题目显然不吸引人，为吸引人而因词害意更不足取。准确、典雅而又突出主旨的题目引人注目，会收到好的效果，甚至令人想先睹为快。如著名历史学家傅衣凌的论文《从中国历史的早熟性论明清时代》就很吸引人，题目反映了作者从"中国历史的早熟"看明清时代的视角，令读者希望了解明清时代的早熟性。当然文章好还是基于作者有深入的研究与出色的表达能力，不过题目好也有锦上添花之效。

史学论文的题目有比较固定的格式。一般来说，称作"论……""……研究""……试探（或"初探"等）""……述略（或"探略"等）""……考""……辨析"等，或者嫌这些词汇累赘，直接概述内容，产生简明扼要的效果。如著名历史学家郑天挺的论文《清入关前满洲族的社会性质》就是如此，题目中既无"论"也无"研究"。而郑天挺先生的后续研究《清入关前满族的社会性质续探》，则标出"续探"，表明了前一篇论文属于"初探""试探"，不称"论"与"研究"，也有谦虚之意在其中。

从单标题到多级标题

我读书的时代所看的论文一般都是单标题。偶尔有一些论文设置副标题，这往往是与人商榷的论文，如胡一雅等先生《中国历史上农民战争的性质问题——同蔡美彪同志商讨》，副标题点出商榷的对象。此类文章虽然被看作是"百家争鸣"，但战斗性、批判性较强，在农民战争史、社会性质、历史分期的讨论中多见。

副标题也往往是说明性的。有的是附带讨论其他问题，如彭泽益先生《〈织工对〉史料能说明中国手工业资本主义萌芽的问题吗？——兼论中国资本主义萌芽研究在运用史料与论证方法上存在的问题》，"兼论……"是此类副标题的常见形式。有的限定范围，如邓拓先生《从万历到乾隆——关于中国资本主义萌芽时期的一个论证》限定了论述内容，再如陈野先生的《论徽州商

《中国古代岁时节日》封面

业资本的形成及其特色——试以徽州一地为例来论证明清时代商业资本的作用问题》，此副标题既限定地理空间也限定时间范围。

我也接触到日本学者的论文和目录，觉得日本学者喜欢用正副标题。日本学者的论文，题目较小，资料完备，论证严谨，解决问题。副标题往往是"以……为例"或"以……为中心"或"以……为对象"，多用副标题就是对论题加以限制，以便研究得以精细化。副标题也有其他的说明性文字，如森正夫先生《明代的乡绅——关于士大夫和地域社会关联的记录》、川胜守先生《徐乾学三兄弟及其时代——江南乡绅对地方统治的一个具体形式》，也重视以小见大，副标题用来阐明研究的意义。

中国台湾的学者近些年来喜欢用复式标题。前几年，有一次中研院的邱仲麟先生对我说，现在台湾的论文题目流行二、三段形式的，我也深有同感。我看到不少二级题目文采飞扬，如研究明清社会文化史的王鸿泰先生，他起的论文题目有《闲情雅致——明清间文人的生活经营与品赏文化》《迷路的诗——明代士人的习诗情缘与人生选择》《侠少之游——明清士人的城市交游与尚侠风气》《雅俗的辩证——明代赏玩文化的流行与士商关系的错杂》等，这些题目实际上是在正标题前面加上提示语，而不是副标题附注说明正标题的形式。看到这些题目，就觉得有意蕴，给人以想象的空间。

我前面举出的学者使用副标题的事例，都是改革开放以前的，后来，我国学者的论文中二级标题明显增加。刘志伟先生对珠江三角洲宗族研究有素，问题意识突出，讲究研究方法并对研究对象有明确的界定，他在论文中喜欢用二级题目，如《附会、传说与历史真实——珠江三角洲族谱中宗族历史的叙事结构及其意义》《族谱与文化认同——广东族谱中的口述传统》《宗法、户籍与宗族——以大埔茶阳〈饶氏族谱〉为中心的讨论》《从乡豪历史到士人记忆——由黄佐〈自叙先世行状〉看明代地方势力的转变》等，这些题目同样是提示与论题的关系，我们从题目中领略到作者的旨意。

使用二级题目在年轻学者中更为流行。以2010年出版的《中国社会历史评论》第11卷为例，在"华北社会文化史"栏目下的5篇论文中，有3篇使用二级题目，即张传勇《明清陕西城隍考——堡寨与村镇城隍庙的建置》、王洪兵《清代告示与乡村社会秩序的建构——以顺天府宝坻县为例》、张建《变革时代·近畿地域·特殊群体——清初三朝直隶旗人群体浅探》，前两篇论文的副标题起到辅助说明的作用，后一篇论文的题目是提示语与论题的结合。

一些学者使用三段式或者说三级题目。如美国学者彭慕兰《世界经济史中的近世江南：比较与综合观察——回应黄宗智先生》（《历史研究》2003年第4期），旅日学者伍跃《明代社会：纳贡与例监——中国近世社会庶民势力成长的一个侧面》（《东吴历史学报》第二十辑，2008年），《新世纪南开社会史文集》收录的论文中有2篇使用三级题目，即张思《遭遇与机遇：19世纪末中国农村手工业的曲折经历——以直鲁农村手工纺织业为例》，常建华《习俗与教化：徽州宗族组织的形成——以休宁范氏为中心》。我本来是以休宁范氏为中心探讨徽州宗族组织的形成问题，论文写出后，觉得自己的研究特色是论述了宗族组织形成的民俗基础与国家政治的促进，因此就在成文后加上了"习俗与教化"的提示语，这一概括实际上是升华了对问题的认识，点明对于宗族组织形成的看法。张思先生论文题目的形式与我的类似，形成了三段式：提示语+论题+补充说明，中间使用冒号与破折号隔开。至于伍跃先生、彭慕兰先生的论文题目与我们的略有不同，彭慕兰是论题后加上两次说明，伍跃则将论题的时代单独提示，形成三段式。在标题分段使用标点符号上，存在着混乱的情形，我想，提示语似应使用冒号，副标题则采取破折号。

综上所述，几十年来我国的历史论文题目从单一标题向正副标题加提示语的三段式的变化趋势，也大致暗合着学术研究从重视对象到强调方法再到突出问题意识的演进。体现这种新趋势的学人以中青年为主，研究的领域多社会史、文化史等理论色彩较强的方向，反映出对于问题意识及研究方法的追求，也是为了在众多的论文中受到瞩目。虽然这样的题目有诸多长处，然而运用不得当，也会使人有冗长、烦琐和张扬的感觉，使用时应当认真推敲。论文题目的上述变化，海外史学界也类似，反映出当代学术论文写作的特色。

（原载《安徽史学》2011年第3期）

生活史给史学研究带来新视角

中国现代史学产生于20世纪。清末民国初年正处于史学变革之际，1902年，梁启超发表了著名论文《新史学》，批评中国之旧史知有朝廷而不知有国家，二十四史实为二十四姓之家谱，知有陈迹而不知有群体，号召掀起"史界革命"。他将历史研究的对象从朝廷移向人民群众，移向社会。20世纪20年代末到40年代，社会生活史开始进入中国学者的视野，但作为独立的研究领域，基本上是最近二十多年的事情。总的来说，社会生活史是以人的生活为核心连接社会各部分的历史，立足于民众的日常活动，镶嵌于社会组织、物质生活、岁时节日、生命周期、聚落形态中。因此，生活史研究可以从习以为常的生活中发现历史，为史学研究带来新视角与新方法。

从日常生活发现历史

日常生活世界各种不断重复、人们习以为常的活动，多为"群体无意识"，这属于心态史的范畴。心态史关心人们对待事物的态度，阐发人们对生命、年龄、疾病、死亡等现

《中国古代女性婚姻家庭》封面

实的态度，对于认识日常生活很有用处。心态史的研究与历史人类学的关系彼此难分，历史人类学研究各种习惯，而习惯关乎心态。历史人类学可以揭示人的行为反映的特定历史时期的社会文化。引入心态史与历史人类学的研究理念与方法，就可以从习以为常的琐事中发现历史。就研究实践来说，民间传说、神鬼观念及反映的宇宙观是认识民众心态的重要途径，如钟馗捉鬼的故事即是如此："虚耗"观念的产生基于中国古代对宇宙本原及秩序的思考，"太虚"被认为是世界的本体，冥冥空虚中有一种超自然的力量主宰着人们的命运。古人在对虚空的探索中，将虚宿天象作为人间社会祸福的主宰。又如山西洪洞大槐树移民传说从明清以来在华北各地流传甚广，并大量载之家谱、墓志和地方志。以往多把它作为明洪武、永乐时期大移民的史实，并将洪洞视为政府大规模强制移民的中转站。新的研究则认为，有关洪洞大槐树移民的传说故事是族群认同的产物。明清时期西方传教士来华，观察中国人对于传教士言行的看法，比较中西方的思维方式与伦理世界，可以认识中国人信仰的特点。总之，换位思考、从习俗进入社会、重视民众观念、文献研究结合田野调查进入社会史研究，都是从生活中发现历史的形式。

从日常生活来看国家

生活史以人为中心，自然关注大众文化，注重基层社会，强调自下而上地看历史。社会生活史重视普通群众的日常活动，不仅关注民众的经济生活，而且关心大众文化，即普通民众的人生态度和价值观。加强对基层社会的研究，提倡研究"来自下层的历史"，并不排斥政治与国家，但是研究方法是从此出发，将民众的活动与国家、法制等联系起来。基层社会与国家具有相对性，基层社会的组织规则与社会网络是生活展示的舞台，体现风俗习惯与大众心态并连接国家权力，国家和政治在从下看历史中得到了新的体现。基层社会主要由普通人的生活构成，历史的形成与基层社会生态环境（包括文化）关系密切，自然而然地引入地域研究的概念。地域研究把人的活动放在特定的地域场景中认识，重视社区，其立意仍是探讨基层社会、关心普通群众，成了生活史必要的研究框架。

对于生活的重视挑战传统史料认识

中国社会史家冯尔康指出："新概念、新方向、新领域是打开社会史史料宝藏的钥匙。"对于生活史来说，也应如是观。日常生活史研究使史家别具只眼，使反映民众日常活动的账簿、契据、文书、日记及私人来往的书信等进入视野。以契约文书为例，由于存世数量较大，反映的生活面向较多，出版的史料汇编较多，以往利用契约文书偏重土地买卖，目前侧重于日常生活。如有学者利用中古时期的契约，以老百姓日常生活中的"协商与契约"为主题，揭示官府、百姓、鬼神三者之间错综复杂的关系，以及这三者相互协商、讨价还价并在这种角力中共存的社会过程，展现了社会变革的某些侧面：老百姓互相协商并订立契约，是为"现世契约"；老百姓与神鬼之间的协商与契约，是为"冥世契约"（通常说的"买地券"，埋在坟墓里，是亡人向神祇购买墓地的凭证）。官府对待老百姓所使用现世契约的态度与政策有变化，反映了所谓朝廷"政法"与民间"私契"从对立、并存到契合的演变过程；而冥世契约不仅反映出老百姓对死后世界的看法，折射出冥府、鬼律与阳世官府、官法之间的对应关系。人物传记是记载人物活动的基本资料，中国正史的体裁为纪传体，保留了大量的人物传记，但主要是官员的，而文集中的墓志传记文数量多于正史，特别是还有大量出土墓志，保留普通人特别是女性的传记，反映了多方面日常生活细节，利用墓志开展日常生活史研究大有作为。档案特别是诉讼法制类档案保留了大量民间资料，反映了下层社会的面貌，认真解析口供是重要的研究途径。诗歌、戏曲、小说等文学作品特别是竹枝词、民间传说、写实漫画反映当时人们的生活、观念等，大量日常生活细节描写有助于社会生活史的研究。此外，日常生活的器物及图像资料是人们活动与观念的产物。综合使用资料，文献、实物、图像可以重构古代日常生活的现场。

从生活方式的变化进行不同文明比较，阐述社会变迁

　　资本主义的出现无疑是人类社会的巨大变迁。法国年鉴学派的第二代学者费尔南·布罗代尔探讨15至18世纪西欧资本主义兴起，首先从日常生活的结构开始，将之作为物质文明或物质生活。他认为日常生活无非是些琐事，将其纳入历史的范围有何用处呢？"历史事件是一次性的，或自以为是独一无二的；杂事则反复发生，经多次反复而取得一般性，甚至变成结构。它侵入社会的每个层次，在世代相传的生存方式和行为方式上刻下印记……我们发掘琐闻轶事和游记，便能显露社会的面目。社会各层次的衣、食、住方式绝不是无关紧要的"。即从日常生活最基层入手考察资本主义的产生。中国资本主义萌芽的研究用力甚多，需要处理自然经济与商品经济的关系，中国传统社会自然经济占统治地位，战国以后商品经济发展，学者认为，自然经济占统治（或主要）地位是西欧中世纪早期以庄园制为主要内容的领主经济的主要特点，至于以地主制经济为主要内容的中国封建制度，则与商品经济有本质的联系，从总体上来说，不存在自然经济占统治（或主要）地位的特点。特别是16世纪的明代中国社会风气变化较大，突出表现在生活性消费、文人闲居生活与鉴藏关系密切，居室生活的艺术化倾向，物质文化生活上器用的瓷质化方面。生活研究有助于对重大社会变

迁的揭示。当代中国正在迅速实现现代化，经历着社会转型，该如何对待传统生活方式引起了人们对于日常生活的关注，日常生活历史的研究自然也是必要的。

中国地域广阔，生态类型多样化；民族众多，民族生活多样化；历史悠久，历史的断裂与连续深刻影响了各地方文化。这些时空人为因素综合造成人们日常生活的多样性。对于中国日常生活史的研究也需要多样的方法。例如"一日史"即是研究日常生活史的方法之一。有学者指出，"历史由诸多维度共同刻画，主体（人物）、时间、空间、行为（事件）是几个基本维度。事实上，每一维度都体现为一种谱系，比如时段的长短便构成时间谱系。特定的时代、不同的考察者常常偏向某一历史维度谱系中的一端，而忽略另一端。茅盾以《中国的一日》留下的'一日史'，实际意味着一种历史的时间维度极端，随之，其他历史维度发生了相应变化：人物维度由社会精英变成了平民百姓，由庞杂的个体行为构成无数的社会角色；事件维度由重大社会现象变成了日常生活，由重复的琐事敷演为碌碌的生活影像；空间维度由抽象的全盘世界变成了具象的生活共同体，通过芸芸众生的人际关系呈示出鲜活的历史情境"。时间周期是日常生活的一种载体，一日、季节、年度在文化人类学中都是探讨生活方式的途径。

总而言之，生活史研究可以深化并推进历史学。历史学的前进在于所建构的历史接近历史的真实，需要多侧面的深入研究，增进对总体历史的认识，生活史研究是达到这种目的不可或缺的一环，比起几千年的政治史学、"英雄史学"，生活史还很年轻。马克思说："现代历史著述方面的一切真正进步，都是当历史学家从政治形式的外表深入到社会生活的深处时才取得的。"这正是生活对于社会生活史乃至历史学最重要的意义。

（原载《北京日报》2012年6月18日）

日常生活史应当成为中国社会文化史研究的基础

社会文化史的论述中，对于日常生活史与社会文化史关系的讨论较少涉及，我想就此谈些看法。

西方新文化史中的日常生活

《日常生活的历史学：中国社会史研究三探》封面

根据著名史学家彼得·伯克《什么是文化史》的梳理，文化史的研究历程可以分为四个阶段："经典"阶段、始于20世纪30年代的"艺术的社会史"阶段、20世纪60年代的大众文化史的发现阶段及"新文化史"阶段。"新文化史"也可称之为"社会文化史"。

日常生活也贯穿于文

化史的学术关怀之中。早在文化史的"经典"时代，约翰·赫伊津哈就提醒人们对于文化要关注"生活在其中的人"。"在德国和荷兰，新文化史被嫁接在雅各·布克哈特和约翰·赫伊津哈的传统之上，更为重视所谓的'日常生活史'"。[①]特别是大众文化的研究深受人类学的影响，而人类学关注日常生活，新文化史是从历史人类学中发展起来的，至于新文化史的"实践理论"很大程度上是指日常生活的实践。新文化史在向更多的领域扩大，在政治与军事史的传统主题方面，"却是从普通民众日常生活的角度来加以研究"。[②]因此，日常生活史始终是西方文化史展示理论与实践的舞台，日常生活与新文化史、社会文化史有着千丝万缕的关系，甚至可以说日常生活史是新文化史、社会文化史的组成部分。

不仅仅是彼得·伯克对新文化史有重要论述，另一位著名文化史家罗伯特·达恩顿的看法也值得注意："最令人激动、最有创意的历史研究应该挖掘出事件背后我们的前人所经历和体验的人类生存的状况。这类研究有过不同的名字：心态史、社会思想史、历史人类学或文化史（这是我的偏好）。不管什么标签，目的是一个，即理解生活的意义：不是去徒劳地寻找对这一伟大哲学之谜的终极答案，而是从前人的日常生活和思想观念中去探求和了解对此问题的回

---

① ［英］彼得·伯克著，蔡玉辉译，杨豫校：《什么是文化史》，北京：北京大学出版社，2009年，第36页。

② ［英］彼得·伯克著，蔡玉辉译，杨豫校：《什么是文化史》，北京：北京大学出版社，2009年，第125页。

答。"①我国学者姜进解释道：新文化史注重于细致描述具体人群的具体生活，"无论是貌似平静的日常生活，还是轰动一时的重大事件，新文化史研究的焦点都是当地参与其中的人群对自己诉求的特殊方式，相信生活在过去的男男女女正是以自己特殊的生存战略和对自由解放的向往开辟了人类生活方式的无限可能性"。②日常生活之于新文化史的重要性，显而易见。

新文化史、社会文化史研究离不开日常生活史的探讨，反之，日常生活史需要借鉴新文化史、社会文化史的理论方法。

中国文化史与社会史的对接

"文化大革命"结束后，伴随着思想解放，中国文化史、社会史的复兴，出现了文化史与社会史的对接乃至合流的现象，导致了所谓的"社会文化史"的出现。

文化史研究的出现，一定程度上要为社会经济的研究寻求突破，社会史研究的学者开始注意历史上的文化生活和文化成就，而"文化生活和文化成就"是文化史研究的重心。事实上，"文化成就"的研究一直未断，而"文化生活"则是新事物，进入生活领域，文化史与社会史相遇了。

---

① ［美］罗伯特·达恩顿著，萧知纬译：《拉莫莱特之吻：有关文化史的思考》，上海：华东师范大学出版社，2011年，第6—7页。

② 姜进主编：《新文化史经典译丛·理论经典》总序，载 ［美］林·亨特《新文化史》，上海：华东师范大学出版社，2011年，第6页。

强调文化史与社会史的结合，在中国社科院近史所近代文化史研究室表现突出。该室刘志琴先生指出，社会史的复兴是以文化史为前导，或者说文化史的发展必须要在社会史领域内深入。社会史和文化史是共生共荣的关系，社会史肩负重要的文化使命。揭示伦理价值深入生活表现出民族性，需要文化史与社会史研究联手才能完成。文化史与社会史的对接，有赖于日常生活这一领域，刘志琴认为："精英文化的价值观念渗入世俗生活，从而使世俗生活理性化，这就是世俗理性。……世俗理性造成中国社会文化的显著特点是，伦理观念和文化意识渗入日常生活的各个领域"。[1]日常生活研究的重要性显而易见。她还强调生活包括衣食住行和休闲在内，是人类赖以生存与发展的基本形式，呼吁学术界"发现生活"。[2]社会史与文化史的结合，在李长莉笔下被表述为社会文化史，她的《晚清上海社会的变迁——生活与伦理的近代化》（天津人民出版社，2002年），从近代上海民众生活的微观层面探讨近代化的宏观社会变迁，在伦理观念的层面将社会与文化紧密结合。刘志琴为本书作序，名为《观念源于生活》，概括了她们研究社会文化史的意蕴。从刘志琴、李长莉的社会文化史研究来看，生活史占据了重要位置。

　　改革开放后的中国社会史研究，将生活史作为关注点。冯尔康先生指出：社会史"研究历史上社会结构与日常社会

---

　　①刘志琴：《社会文化史的视野》，载周积明、宋德金主编《中国社会史论》，武汉：湖北教育出版社，2000年，第104页。

　　②刘志琴：《发现生活》，载薛君度、刘志琴主编《近代中国社会生活与观念变迁》，北京：中国社会科学出版社，2001年。

生活的运动体系，它以社会群体、社会组织、社会等级、阶级、社区、人口的社会构成，以及上述成分所形成的社会结构及其变动，构成社会结构的人群的日常生活行为及其观念为研究范畴，揭示其在历史上的发展变化及在历史进程中的作用和地位"。①社会结构和日常生活被作为社会史研究的基本内容。关于当代中国社会史研究的特征，我认为体现在以下三方面，即社会生活研究：还历史以血肉，社会文化研究：揭示社会精神面貌，区域社会研究：置社会史于地理空间。②其中社会生活研究偏重于社会，社会文化研究则重于文化，这两方面是相通的，基础是对生活方式的认识。

还应当指出，思想文化在文化史研究中占有重要地位。思想与社会的互动，是文化史与社会史学者关心的问题。

历史人类学中的日常生活

新时期中国社会史研究以社会生活为主，人类学对于社会史研究的意义不断彰显。由于社会学理论只是一般原理，而社会历史复杂多变，新时期的社会史又重在探讨民众日常生活，揭示其文化特点，这样社会学就显得有些力不从心。而最适合该类研究的方法是社会或文化人类学，以之诠释人们生活及行为中的仪式和符号。新时期揭示社会精神面貌、认识社会特质的社会文化研究，也必然要以集体现象的无意

①冯尔康：《中国社会史概论》，北京：高等教育出版社，2004年，第10页。

②常建华：《中国社会史研究十年》，《历史研究》1997年第1期。

识本质为研究课题，探讨人类社会生活中形成的静态文化结构，涉及文化人类学。借鉴社会或文化人类学的社会史研究，成为另一种特色的社会文化史，会更加关注历史上的日常生活与社会关系网络。

从社会经济史向社会文化史的转移，在我国社会经济史研究的重镇厦门大学、中山大学表现得比较明显，这些学校有人类学研究的传统，一些学者借鉴人类学研究华南社会史，形成了历史人类学的学术风格。2001年7月，成立不久的中山大学历史人类学研究中心举办了"历史人类学的理论与实践学术研讨会"，倡导开展历史人类学研究。陈春声结合自己在韩江流域的梅州和潮州地区的研究实践，以《走向历史现场》为题，阐明历史人类学对社会史研究的价值：一是在历史现场中发现理解历史文献的能力；二是过去如何被现在创造出来：理解百姓的"历史记忆"；三是过去的建构如何用于解释现在：关于"地方性知识"的解释；四是有关地域社会建构的理论思考。①在这意蕴丰富的归纳中，我们感受到陈春声谈到的"传统社会生活""普通人日常生活经验""百姓日常活动"对于历史人类学研究的重要性。

郑振满是开展历史人类学的先行者，他认为历史人类学的特征应该是从民俗研究历史。这在很大程度上就是从日常生活入手研究历史。郑振满还指出："每一种民间文献可能都和特定的人群和特定的生活方式有关。如果不把民间文献

---

① 徐桂兰：《历史学与人类学的互动——历史人类学的理论与实践学术研讨会综述》，《广西民族学院学报》2001年第6期，第29页。

放在具体的社会环境中，不了解各种民间文献的作者和使用范围，也不能真正理解民间文献的历史意义。要做到这一点，就必须做田野，就需要历史人类学了。"①换言之，历史人类学通过田野调查与解读民间文献理解"人群"和"生活方式"。同时，他主张地域社会文化史研究与大历史联系起来："我们做生活史、文化史、心态史，如果不能跟主流的历史命题联系起来，如果不能跟历史学所关注的那些重大问题挂上钩的话，那就变得可有可无，别人可以不理睬你。"②

历史人类学也以社会文化史表现出来，厦门大学的刘永华主编《中国社会文化史读本》（北京大学出版社，2011年），编者的内容提要解释社会文化史说："社会文化史强调的是，在具体的研究实践中将社会史分析和文化史诠释结合在一起。在分析社会现象时，不能忽视相关人群对这些现象的理解或这些现象之于当事人的意义，唯有如此，社会史分析才不致死板、僵硬；在诠释文化现象时，不能忽视这些现象背后的社会关系和权力关系，唯有如此，文化史诠释才不致空泛、玄虚。"本书涵盖社会文化史研究的五个主要问题领域：一、国家认同，二、神明信仰，三、宗教仪式，四、历史记忆，五、感知、空间及其他。通过个案研究，引导读者进入中国历史的深层脉络。社会文化史如此，离不开对于日

①刘平、刘颖、［越］张玄芝整理：《区域研究·地方文献·学术路径——"地方文献与历史人类学研究论坛"纪要》，载《中国社会历史评论》第十卷，天津：天津古籍出版社，2009年，第358页。

②郑振满、黄向春：《文化、历史与国家——历史学与人类学的对话》，载《中国社会历史评论》第五卷，北京：商务印书馆，2007年，第489页。

常生活的基础性认识。

结　语

　　综上所述，文化史、社会史、历史人类学均关心生活史，生活史在相当大的程度上也是以社会文化史的面目出现的。对于生活史的理解，学者各有侧重，使用的概念不一，有日常生活、社会生活、生活方式等，我国学者以使用"社会生活"一词最为普遍。

　　关于生活史的理论。马克思主义的"社会经济形态演进"理论，用生产方式发展史模式构建宏观社会历史。马克思指出："物质生活的生产方式制约着整个社会生活、政治生活和精神生活的过程。"[①]对于这一论断有广义与狭义的理解，同时产生了"生活方式"与"社会生活"两种提法：即人的生活指包括物质生活、社会生活、政治生活、精神生活的广义的社会生活，也可以指与物质生活、政治生活、精神生活并列的狭义的社会生活；与生产方式并存的应该还有生活方式。生产方式制约着生活方式。然而马克思主义理论中并没有对具体"社会生活"和生活方式的系统论述。虽然恩格斯晚年概括出"两种生产"理论，认为历史中的决定因素是"直接生活的生产与再生产"，生产包括"生活资料即食物、衣服、住房以及为此所必需的工具的生产"与"人类自

　　[①] [德] 马克思：《〈政治经济学批判〉序言》，载《马克思恩格斯选集》第 2 卷，北京：人民出版社，1972 年，第 82—83 页。

身的生产，即种的繁衍"。①"人类自身的生产"是非常接近"日常生活"的概念，但并未建构起理论范式。

后来的匈牙利哲学家格奥尔格·卢卡奇、法国学者昂利·列菲伏尔等提出较为清晰的"日常生活"概念，在阿格妮丝·赫勒著的《日常生活》中这个概念更加完善，她把"日常生活"界定为"那些同时使社会再生产成为可能的个体再生产要素的集合"。②我国学者衣俊卿尝试建立了日常生活的理论范式，他为日常生活下了一个较为完整的定义："日常生活是以个人的家庭、天然共同体等直接环境为基本寓所，旨在维持个体生存和再生产的日常消费活动、日常交往活动和日常观念活动的总称，它是一个以重复性思维和重复性实践为基本存在方式，凭借传统、习惯、经验以及血缘和天然情感等文化因素而加以维系的自在的类本质对象化领域。"③衣俊卿认为日常消费、交往、观念活动构成日常生活世界，属于经济基础与上层建筑构成的人类发达形态的社会结构的"潜基础结构"，对日常生活的研究有助于形成关于人类社会的总体图样。

因此，我认为我国生活史的研究应当从"社会生活"向"日常生活"转变，研究方法上则应注意建立日常生活与历

---

① [德] 恩格斯：《家庭、私有制和国家的起源》，载《马克思恩格斯选集》第4卷，第2页。

② [匈] 阿格妮丝·赫勒著，衣俊卿译：《日常生活》，重庆：重庆出版社，1990年，第3页。

③ 衣俊卿：《现代化与日常生活批判——人自身现代化的文化透视》，哈尔滨：黑龙江教育出版社，1994年，第32—33页。

史变动的联系，挖掘日常生活领域的非日常生活因素，把握传统农业文明中的商业文明因素。^①也有学者将日常生活史作为一个新的研究领域，指出日常生活史的若干研究特色：研究对象微观化，"目光向下"，研究内容包罗万象，重建全面史，"他者"立场。^②

日常生活史也应当借鉴"新文化史"与历史人类学。西方文化史研究的进程中产生了两个孪生式的运动"历史人类学""新文化史"，为文化史研究注入活力，其学术影响至今。英国历史学家劳伦斯·斯通早在1987年的《历史叙述的复兴：对一种新的老历史的反省》一文中，就注意到西方历史学最惊人的改变之一，就是对于感觉、情绪、行为模式、价值及心理状态突然增大的兴趣。叙述重新受到重视的首要原因就是人类学取代社会学及经济学，成为社会科学中最具影响力的学科。中国社会文化史在借鉴人类学的理论与方法上，在生活与文化的研究层面并未有效展开，心态史研究没有太大的进展，社会文化史研究在这些方面未能充分彰显价值，其原因与"新文化"理论吸收不足、学术理念转换迟钝有关。"新文化史"的学术性格，主要在于下探民隐的尝试与由下而上的历史。与社会史学相同的是都注目于下层社会，但不同的是，社会史侧重人的行动，是具体可见的事物，新文化史则强调人的行动背后的文化逻辑或文化密码。

①常建华：《从社会生活到日常生活——中国社会史研究再出发》，《人民日报》2011年3月31日理论版。

②刘新成：《日常生活史：一个新的研究领域》，《光明日报》2006年3月30日。

因此，现在的中国社会文化史或许到了需要突破自身的时候，即引入"新文化史"的理念，进一步调整研究策略，将文化作为能动的因素，把个人作为历史的主体，探讨他们在日常生活或长时段里对历史进程的影响。

社会文化史应当把日常生活史作为研究的基础。日常生活在文化史、社会史、历史人类学得到的重视程度不同，表述的方法不一，然而日常生活的研究都是这些领域不可或缺的部分，"一般生活以日常生活为基础，并且至少部分地反映于日常生活之中"。[①]日常生活应当成为文化史、社会史、历史人类学研究的基础，也就是日常生活应当成为社会文化史研究的基础。中国社会文化史研究在日常生活史方面已经取得一定成绩，但应更加明确与自觉地把日常生活史作为社会文化史研究的基础。

（原载《社会史研究通讯》2012年第15期）

---

① ［匈］阿格妮丝·赫勒著，衣俊卿译：《日常生活》，重庆：重庆出版社，第287页。

复兴的中国社会史研究

　　中国社会史研究的复兴已有五六个年头了。在此，对其缘起、历程、状况及特征略加剖析，以便人们了解和关心它的成长。

一、复兴的背景与历程

　　社会史研究的复兴，是适应20世纪80年代中国社会科学发展变化的内在要求和社会现实客观需要的产物。从社会科学界来看，社会史的复兴首先来自历史学界内部的反思。1949年以来，中国历史研究的领域是政治、经济、思想三大块，其中的学术重心集中在农民阶级与地主阶级的矛盾和斗争，农民战争史备受重视。进入80年代，人们对上述研究状况不满意，认为对封建社会的认识，不仅要知道地主与农民之间的生产关系，农民反对地主的斗争，而且要对地主、农民及其他社会集团内部结构及生活状况有一个全面的了解，1983年10月的"中国封建地主阶级研究学术讨论会"、1985年5月的"中外封建社会劳动者生产生活状况比较研究讨论会"正是这种认识的反映。这样就突破了阶级分析是探讨封建社会唯一方法的认识，把认识社会的目光指向多种社会关系、社会群体和民众的生活，80年代初的史学反思，使相当多的史学工作者产生了危机意识，出现了所谓"史学危机"的说法。尽管对"史学危机"有不同的理解，然而普遍认为历史学必须加以变革。开展社会史研究，就属于变革的重要部分。文化史的兴起也为社会史的复兴开辟了道路，文化史的研究从1984年起进入高潮，从人类学的观点看，所谓文化史实质上是社会文化，因此文化史的兴起也必然引发对社会史的探讨。此外，对史学反思的同时，中国社会科学界也发生了重要变化，为社会史的复兴创造了外部条件。这就使社会学、民俗学、人口学、人类学等学科相继恢复，特别是社会学在当时影响大。国外社会科学的著作和动态被大量翻译介绍到国内。社会科学界这种新变化，开阔了历史学工作者的理论视野，如1984年以后有关生活方式的讨论就是一例。史学工作者更加认识到吸收当代社会科学研究成果开展历史研究的必要，尤其是社会学对社会研究的必要性更为明显。就社会现实客观需要而言，中国正在努力进行社会主义改革和现代化事业，中国社会经历

《新时期中国社会史学》封面

着重大的变迁，所面临的重大现实问题怎样实行现代化？为什么社会的改革和转型非常艰难？如何解释各种社会丑恶现象和社会问题？我们的传统生活是什么？凡此种种，进行历史学的回答是必要的，从而使人们更好地认识国情和民情，为社会主义改革和现代化事业发挥历史学的作用。中国社会史研究正是在上述背景下开展起来的。

1986年是中国社会史研究的复兴之年。年初，《百科知识》第1期发表了冯尔康的论文《开展社会史研究》，认为1949年以来前30年的史学，主要是研究经济史和政治史，对社会史则几乎没有接触，正式明确提出恢复、开展社会史的研究，已是史学界一个刻不容缓的课题。同年倡导开展社会史研究的还有乔治强和王玉波。乔志强认为这是"向史学的纵深发展不可忽略的部分，应当引起我们足够的重视"。[1]王玉波则指出："为了加强史学的整体化、综合化的研究，为了充分发挥史学的社会功能，有必要开展社会史特别是中国社会史的研究。"由于中国社会史研究曾一度中断，且被社会发展史代替，他说："首先要为社会史正名。"[2]特别值得一提的是，该年10月由南开大学历史系、历史研究杂志社、天津人民出版社发起，在天津举行了首届中国社会史研讨会，就中国社会史的研究对象、范畴、社会史与其他学科的关系，以及开展社会史研究的意义等进行了热烈的讨论，并取得了把社会史作为史学专门史或流派对待的共识，强调借

①乔志强：《中国社会史研究的对象和方法》，《光明日报》1986年8月13日。

②王玉波：《为社会史正名》，《光明日报》1986年9月10日。

鉴社会学、民俗学、民族学、人类学的理论与方法对开展社会史研究的重要性。这届研讨会标志着中国社会史继20世纪于30年代曾有一定研究后的复兴。

作为中国历史学界权威刊物的《历史研究》，对中国社会史研究的开展起了积极的推动作用。该刊在1987年第1期反映了首届中国社会史研讨会的成果，推出一组旨在开拓新领域、组织新课题的论文和信息，并发表了该刊评论员"把历史的内容还给历史"的文章，"希望史学界都来重视、支持社会史的研究工作"。相信"广大史学工作者沿着历史唯物主义所指引的道路，向着'社会生活的深处'奋力探索的结果必将是史学的巨大进步"。无疑，《历史研究》的这种倡导是极有影响力的。

复兴的社会史研究做了多方面的工作。中国社会史研讨会每两年进行一次，目前已有三届。1988年10月在南京召开的第二届研讨会除继续讨论社会史研究的理论与方法外，对士与知识分子进行了重点讨论。1990年10月在成都召开了第三届讨论会，讨论的重点是中国宗族、家庭的历史与现实、社会弊端的历史考察。此外，中国社会科学院历史所颇为重视社会史研究，成立了课题组，计划出版多卷本的《中国古代社会生活史》。前不久，该所成立了社会史研究室，它表明社会史研究在中国最高的权威社会科学机构占据了一席之地，不仅在中国社会科学院，在南开大学、南京大学、四川大学、山西大学、西北大学等高等学校也已初步形成了社会史研究群体。不少大学开设有关社会史研究的课程，培养社会史方向的研究生。出版界给予社会史研究以极大的重视，天津人民出版社、浙江人民出版社相继发行了两套社会史丛书，陕西人民教育出版社的《中国社会史文库》也即将推出。《历史研究》与上述重视社会史研究高校的学报，以及其他杂志开辟社会史研究专栏或以发表这方面的论文为重点。为中国社会史学科建设开辟道路、奠定基础的一些著作也已问世，如冯尔康等编著的《中国社会史研究概述》清理了已有的社会史研究成果；蔡少卿主编的《再现过去：社会史的理论视野》翻译介绍了国外社会史的研究状况；冯尔康、常建华合著的《清人社会生活》是第一本比较系统的综合性断代社会史。以上种种事实表明，社会史复兴以来的短短几年，取得不小的进展，它已构成中国历史学中一门独立的学科。

二、学科的理论建设

社会史的复兴，必然面临的问题是如何理解这一学科及开展研究，这是关系到学科建设的重大问题，近六年来研究者们对此进行了探索。

首先是关于社会史的界说，其看法大致可以归纳为三类，每一类中又有不同的具体观点。

第一类，研究者们认为社会史主要以社会生活、生活方式为研究对象，是历史学的专史或分支，它与其他多种学科在研究内容上有局部的重叠，又是具有边缘、交叉性质的学科。其中代表性的观点有以下几种：（1）冯尔康认为"中国社会史是研究历史上人们社会生活与生活方式的运动体系"，它"以人们的群体生活与生活方式为研究对象，以社会结构、社会组织、人口、社区、物质与精神生活习俗为研究范畴，揭示它本身在历史上的发展变化及其历史过程中的作用和地位"。[①]他又补充说："社会史渗透到政治史、经济史、文化史等专史领域，凡是这些专史中属于人们社会关系的内容，也就是社会史的内容""社会史不应停留在了解人们社会生活的现象上，还需要深一层研究人们社会生活所表现的心理状态和思想意识""社会史与其他社会科学的交叉研究，使它成为带有边缘学科性质的史学分支"。[②]（2）乔志强认为："中国社会史以中国历史上的'社会'为研究对象""是一个有序的系列"，它可分为三个方面，即社会构成，包括人口、婚姻、家庭等最基本的社会元素和细胞；社会生活，包含物质生活、精神生活及各种错综复杂的社会诸关系，它们组成了社会生活的主要网络式的内容；社会职能，它应包括教育及教养（老幼）、社会控制与调节，以及社会病态、问题及其防治等。"它并不是单纯考察某一社会现象的过程及规律，而是侧重于联系社会生产关系对社会生活进行综合研究"。[③]（3）王玉波认为："社会史是以人的社会生活的历史演变过程和规律为基本内容""社会史可以说就是生活方式的演变史"。研究对象主要涉及社会主体的人

①冯尔康：《开展社会史研究》，《历史研究》1987年第1期。

②冯尔康：《三论开展社会史研究》，《南京大学学报》1989年"社会史专辑"。

③乔志强：《中国社会史研究的对象和方法》，《光明日报》1986年8月13日。

的自身状况、社会价值观念、社会心理、社会生活方式及其规范，社会生态环境、社会结构、社会问题和社会调节。① (4) 陆震认为，社会史的学科对象是人类各种社会群体和个体的"社会生产活动及其方式即生活方式的演变过程与具体规律。在这个意义上，也可以说社会史就是社会生活史"。具体来说，社会史的学科对象，从社会生活的内容、进程、结果、变迁等方面看，可进一步细分为谋生、消费、家庭、交往等具体内容，以及行为模式、社会关系、社会群体、社会流动、文化观念体系与精神心理结构、物质条件和文化设施及它们的发展变化。② (5) 刘志琴认为："社会史是以社会生活的发展和社会问题为基本内容，它不同于其他史学范畴的特点，是在于突出社会的主体，人的问题为研究中心。围绕着人的生存、发展的环境、习俗、生活、群体结构、文化观念的变迁都是研究对象"，最高宗旨"是研究社会文化特质的形成、变易和流向的变迁史。"③ (6) 王先明认为，社会史是通过研究和描述人们日常生活和社会关系的发展过程，再现社会历史的基本面貌，并揭示其发展变化的规律。④

　　第二类，研究者们认为社会史不是历史学的专门史，而是通史、综合史。陈旭麓指出："真正能够反映一个过去了

---

①王玉波：《为社会史正名》，《光明日报》1986年9月10日。

②陆震：《关于社会史研究的学科对象诸问题》，《历史研究》1987年第1期。

③刘志琴：《社会史的复兴与史学变革——兼论社会史与文化史的共生共荣》，《史学理论》1988年第3期。

④王先明：《论社会史研究的对象》，《河北学刊》1990年第2期。

的时代全部面貌的，应该是通史，而通史总是社会史。马克思主义研究社会，所注重的是人们在生产中形成的与一定生产力发展程度相适应的生产关系的总和。由此延伸出来的以经济活动为基础的种种人际关系都应当成为社会史研究的对象"。就中国的近代史研究来说，观察和分析的入口是社会结构、社会生活、社会意识三方面。①张静如则认为："社会史是一门综合性学科，是历史学中层次最高的部分，是立于各类专史之上的学科。社会是由一定的经济基础和上层建筑构成的整体，是动态的具有复杂相互关系的人群结构。研究社会，必须考察社会的政治、经济、文化状况，考察社会组织、社会阶级和阶层、社会关系、社会意识形态、社会心理、社会生活方式、人们的思维方式，等等。总之，研究社会，就要研究物质的和精神的社会生活诸方面。所以研究社会史，也就是研究社会生活诸方面之史的演变和变革。这样，社会史的对象，应该说是社会整体发展的全过程，其研究范围极为广泛。"②

第三类，从结构—功能的观点出发，研究者们认为社会史主要研究社会结构及其变迁。蔡少卿、孙江参照国外学者关于社会史内涵的观点指出："社会史的定义可以从社会结构—功能及其运行机制静态和动态两方面展开。其广义定义是'再现'人类社会过去的历史，其狭义定义可以是研究社会结构变迁时普通人的经历。前者有助于展开对历史各个层面的研究，

---

①陈旭麓：《略论中国近代社会史研究》，《华东师范大学学报》1989年第5期。

②张静如：《以社会史为基础深化党史研究》，《历史研究》1991年第1期。

深化人们对历史的认识。而后者则有助于人们特别关注社会大变动时期，即社会结构平衡机制丧失时期，突出社会史在历史研究中的独特地位。需要说明的是，在追求'再现'过去的目标中，由于社会的日常生活与经济状况、政治活动的密切关系，以及在社会结构中的重要性，人们有理由对其予以较多的关注。"[1]王家范认为"根据中国社会的特点，我们的社会史研究还必须集中在社会结构与社会变迁的聚点上"。[2]

其次，开展中国社会史研究的意义。由于对社会史的界说不同，因而对其意义的估计也不同，代表性的意见有以下几种：

王玉波从加强史学的整体化、综合化角度论述了社会史的学术价值，指出："由于社会史的综合性，所以社会史以社会生活的历史演变为中心和中介，把历史科学形成一个纵横交错的网络式的整体系统。社会史的综合性也有助于促进史学和其他学科协作，应用和借鉴其他学科的研究成果和研究方法，使史学不断创新和发展。"（前引文）

冯尔康在《开展社会史研究》一文中认为意义有三：运用综合分析方法，考察历史整体，完善马克思主义史学体系；能为清除封建残余，移风易俗与四化建设作贡献；是历史学走向繁荣的途径和走向新阶段的起点。

陆震认为对社会史复兴的现实意义是"使我们能真切地把握世世代代的先人是怎样生活过来的，我们的传统是什

---

①蔡少卿、孙江：《回顾与前瞻：关于社会史研究的几个问题》，《历史研究》1989年第4期。

②王家范：《中国社会史学科建设刍议》，《历史研究》1989年第4期。

么，它与现代社会的区别与差距在哪里，我们应如何扬弃传统，实现观念的现代化、生活方式的现代化、人的现代化和整个社会的现代化。社会史研究将为我们全面改革、建设有中国特色的社会主义，提供一个可靠的历史支撑""它将为哲学社会科学多学科的发展提供坚实的基础与有利的条件"。（前引文）

刘志琴把社会史的出现作为文化史研究的深入看待，论证社会史的现实意义，她说："以社会史领域探察民族文化心理的形成、发展和改造，这是观念变革最难触动的深层结构，也是文化史研究进一步深化的趋势"。为提高中华民族的文化素质提供历史的借鉴。（前引文）

王家范在前引文中认为社会史的复兴是为了知悉有关传统农业社会向现代社会变迁的奥秘。他说："社会史研究应当采取逆向考察的方法，从俯瞰当代的战略高度，去深刻剖析一切妨碍中国社会变革的历史陈迹和历史传统，揭示中国社会变革艰难的奥秘，为扫除变革的一切障碍提供特有的贡献。"对于社会史的学术意义，他更强调"社会史首先应作为传统史学的叛逆角色出现在学术舞台上"，担当起"新史学"的历史使命。

再次，开展中国社会史研究的方法。这个问题同研究的目的相联系，研究者们也从不同角度进行了探讨。乔志强主要以中国近代社会史为例，就向历史做调查、科学计量、学科渗透，对此加以论述。①

---

①乔志强：《社会史研究的方法问题》，《山西大学学报》1990年第3期。

彭卫认为研究者不可把过多的精力放在社会史概念定义的纠缠上，应先研究公认的社会史核心部分，如社会生活的基本单位、外在表现，以及人们基本的社会行为与社会过程。研究方法要多样化、综合化。[①]就社会生活史而言，他建议研究程序当是引入和建立一些概念，从而更准确、更深刻、更全面地说明社会史的现象与本质；初步勾勒出社会生活史的某些特质；研究者主观意识上摒弃片面、僵化和教条的研究范式；融会贯通各种学科的研究方法。[②]

王家范在前引文中强调，一是要接纳现代社会科学"整体研究"的新思维方式，从横断面上将中国传统社会看作一个具有整合机制的动态社会大系统，实行结构—功能主义的系统分析"。二是与社会学共时性认识相呼应，改造历史学历时性的传统认识手段。利用时间多元性的新理论策略，实行逆向考察，实现社会学层次（社会类型或模式重建）与历史学层次（时间序列与因果分析）的统一。三是微观研究应以中国社会史的中心任务——认识中国传统社会的社会结构与社会变革艰难的特殊性，围绕着揭示中国传统社会何以变革艰难这一奥秘，设计一系列课题研究计划。

最后，中国社会史史料学的研究。冯尔康指出，在古籍分类中，若按《四库全书》分类法，社会史资料较多地在以下诸类中：史部政书类典礼、法令目、正史类诏令目、时令类；地理类杂记游记目；子部杂家类和小说家类，类书类、

①彭卫：《社会史学研究的历程与趋向》，《史学月刊》1987年第5期。
②彭卫：《略论社会生活史的研究方法》，《云南社会科学》1997年第3期。

经部礼类。《丛书集成初编》则分在社会科学类、史地类中，并依照文献种类和社会史问题，论述了14项书籍的社会史资料价值。[1]

魏元奇批评了"旧的'以征为信'的史料观存在着一种认识论上的失误，这就是它所蕴含的直观反映论"，肯定了小说在社会史研究中的史料价值。认为"其根本特点在于史学家要透过小说中故事情节、人物言语活动和心理描写的表面结构来揭示其背后的社会生活、社会关系和社会心理的深层结构"。[2]

常建华指出，从中国族谱的形成和主要内容看，世系、传记、宗规家训及其他宗族文献是其主要资料的特点，世系便于统计分析，传记载有多方面具体的社会生活，宗规家训反映宗族制度对族人的要求，具有重要的社会史资料价值，并论述了族谱对人口社会、社会结构、宗族、家庭、社区和个案的资料价值。[3]

三、具体问题研究的成绩与不足

近五六年，中国社会史研究者在诸多问题上进行了广泛

---

[1]冯尔康：《中国社会史研究概述》第1编，天津：天津教育出版社，1988年。

[2]魏元奇：《小说在社会史研究中的史料价值》，《河北大学学报》1989年第4期。

[3]常建华：《试论中国族谱的社会史资料价值》，《谱牒学研究》第一辑，北京：书目文献出版社，1989年。

的探索，其成果非常突出的领域主要表现在以下四个方面：
（1）社会结构与"士"。中国史学界以往对社会结构比较重视，主要是从社会经济结构认识的，由于过分强调阶级斗争，从而使社会结构的研究存在片面化、绝对化的倾向。复兴的社会史也注重社会结构，然而在分析问题时已注意将职业、等级、文化、地缘、血缘等诸种因素同阶级因素综合考察。在士农工商各种社会集团及其联系的研究上都推进了一步，特别是士人的研究，突破更为明显。1949年以来，对士与知识分子的研究非常薄弱，已有的论述多把它们作为地主阶级的附庸或统治阶级的一员看待。近年来，学者们利用社会分层理论或从结构功能的角度入手，综合考察士与知识分子在等级、阶级、职业中的社会属性，阐发了他们在中国社会结构中的特殊地位。这方面的成果是大量的，如刘泽华《士人与社会》（先秦卷）对先秦士人的综合研究，王跃生对清代生监的数量、社会构成、社会功能、越轨活动的研究，王先明对近代绅士集团内涵与指属范围、分化、转型的研究均是值得称道的。（2）婚姻家庭。这里分婚姻、家庭两部分说明，婚姻史的研究在20世纪20年代末至40年代曾出现过一个兴盛时期，近年又是人们探讨的热门话题，彭卫的《汉代婚姻形态》一书运用了诸多学科的理论与方法，不仅把汉代婚姻形态放在中国古代婚姻史中考察，而且还同世界上其他地区和民族的婚姻形态做了比较研究，将汉代婚姻的研究提到一个新的水平。张邦炜的《婚姻与社会（宋代）》就宋代婚姻的研究丰富了人们对唐宋之际社会变革的认识。与婚姻相比，家庭史研究除了家庭起源问题的探讨外，其他问题的研究相当薄弱。可喜的是，近年来在秦、汉、北朝、明清时期家庭结构及家庭关系方面，高质量的论文不断出现。家庭结构研究方面，学者把家庭同法律制度、赋役制度、宗族制度相联系，注意到不同等级、阶级的家庭情况，采取静态与动态相结合，以及计量分析的方法，使家庭史特别是家庭结构的研究有了重大的进展。王玉波的《中国家长制家庭制度史》一书，论述了家长制家庭制度的历史变革。（3）宗族。宗族的研究一直呈现两头热的情形，即集中在先秦和宋以后特别是清代。以往先秦的宗族研究多是附属于宗法制度来讨论的。近年，多对宗族进行专门研究，特别深入到庶民阶层。朱凤瀚的《商周家族形态研究》（此处"家族"的概念包含家庭和宗族）是一部重要的著作，著者依据现代人类学、民族学的理论，对商周社会中诸种类型的家族组织形态做了断代的细致考察，并探求了商周家族形态演化的进程及规律性。宋以后宗族制度的研究中，陈支平《近500年来福建的家族社会与文化》对福建家族社会的成因经过、内部管理和外部关系、阶级结构与社会功能、传统意识和基层文化进行了剖析，富有新意。（4）民间宗教、结社。对民间结社与信仰的研究是认识底层社会必不可少的，近年这一领域的研究也有重大收获。如宁可、郝春文对魏晋南北朝至隋唐五代宋初民间各种结社的研究，喻松青、马西沙对明清时期秘密宗教的研究，蔡少卿、秦宝琦、赵清对清代会党的研究，都取得了重大成果。

此外，在社会史研究中，对于人口、地域、风俗因素也给以足够的重视，城市史、近代化问题也取得了一定的进展。人口史的研究，除了人口统计研究深化之外，在人口构成、区域人口、人口与社会等方面，如利用族谱的人口研究、台湾人口社会史、游民问题都有很好的研究。生态因素在社会史研究中也引起人们的注意，重大社会变迁时期如春秋战国的地域因素、全国不同地区的特点、城乡区域的关系都有研究，区域社会史取得一定成绩。风俗史的研究对认识民众生活和社会变迁效果明显，对此产生兴趣的人多，取得的成果也较多。城市史更多地由沿革史向社会史转化。近代化问题是社会变迁研究的大问题，既有学术价值又有重大现实意义，近年有所深化，不仅体现在沿海城市的研究上，还开始广泛地涉及与之相关的诸多社会因素。

近年来的社会史研究还提出了一些新课题，如娱乐生活的研究，其中对赌博的研究已有初步的成果，再如土匪问题也有研究成果问世，还有死亡问题已有人问津，民众心态的研究也为人注意。

跨学科史学研究方法运用到社会史研究的具体实践中，这是近年来社会史研究的又一特色。由于社会史具有交叉学科的特点，复兴的社会史研究从一开始便注意到不同学科的整合问题，三届研讨会除史学工作者外，还有社会学、文化人类学、民俗学、人口学、经济学等学科的学者参加，共同探讨一些课题。一些社会史研究者的知识结构已具有多种学科的有关知识，在一些问题的研究上，已能综合运用。如阎步克运用社会学理论对中国古代知识群体形成的研究，郑振满运用文化人类学"祭祀圈"理论对宋以后宗族的研究，王家范运用心理分析的方法对晚明士大夫"功名高贵"和"治国平天下"价值定向在不同历史背景下的行为方式的研究，等等均是。此外定量分析在社会史研究中也有学者使用，如郭松义利用族谱对清代人口和婚姻状况的分析即是。总之，跨学科史学研究方法本是新史学的特征，近年来的社会史研究已开始出现综合性、科学性、深层性强化的倾向，具有了"新社会史"的色彩。

但是，社会史研究毕竟在中国刚刚起步，草创阶段还存在着种种不足，最主要表现在普遍注重社会史研究的对象划分，而忽视其研究方法上的革新意义，对当代社会科学的借鉴不够。这是因为诸多新学科在中国的恢复和引进时间不长，从事社会史研究的学者对现代社会科学、自然科学理论和方法普遍准备不足，因此还难以一下子实现新旧史学的角色转换。王家范的告诫是及时的："历史学的古董鉴赏习惯是根深蒂固的。简单地移植新课题，已经有迹象表明，很可能变成罗列奇风异俗、陈规旧习的民俗展览。这当然是与社会史倡导者的初衷大相径庭的。它提醒我们，新课题最多只能提供变革的外在形式，而变革的成功与否，将最终取决于用什么样的内涵去赋予课题以新的生命，显示其社会史的意义。"（前引文）他的话不无道理，当引起人们的重视。

（1991年10月13日稿，原载会议组委会编《成长中的新一代史学——1991年全国青年史学工作者学术会议论文集》，陕西人民教育出版社，1995年）

中国社会史研究的回顾与展望

　　作为现代史学一部分的中国社会史研究，诞生于20世纪初，经历了兴起、停滞和复兴等几个不同的发展阶段，至今已有百年历史。近代中国社会格局的剧变是中国传统史学走到尽头和中国新史学应运而生的根本原因，而近代西方社会科学及其研究方法的输入和马克思主义在中国的传播也有力地推动了中国社会史研究的兴起和走向深入。20世纪六七十年代，由于"左"的思潮的影响，中国社会史研究除了在社会形态史研究方面取得显著成绩外，其他研究基本陷于停滞。改革开放以后，中国社会史研究走上复兴之路。学术界试图建立以社会生活和生活方式为主要内容的新社会史。注重社会生活史、社会文化史和区域社会的研究是新时期中国社会史研究的三个明显特征。

中国社会史研究的兴起

　　20世纪初，中国传统史学已走到尽头，适应民族主义、民权观念的新史学应运而生。倡言社会改革的学者梁启超在20世纪曙光初露之际，为新纪元献上了史学革命的厚礼。

1901年，他在《中国史叙论》中指出，新史学不是写"一人一家之谱牒"，而必探索人间全体之运动进步，即国民全部之经历及其相互之关系。次年，他又以《新史学》为题，批评中国旧史"知有朝廷而不知有国家""知有陈迹而不知有群体"，号召掀起"史界革命"。他给历史下了新的定义："历史者，叙述人群进化之现象，而求其公理公例者也。"梁启超将历史研究对象从朝廷移向人民群众，借鉴社会科学的观点，具有打破政治史一统天下，以及将人类社会各种活动进行专门化、综合化研究的创新意义。《新史学》是中国现代史学的奠基之作。这种历史研究对象和方法迥异千古的新史学，也正是直到今天社会史研究所具有的基本特征。

　　促使20世纪上半叶中国史学观念和方法发生改变，治史者由重视政治史转到重视研究社会史，除了中国社会变革的内部因素外，还同西方社会科学的输入与传播有密切关系。19世纪末20世纪初，严复系统介绍了西方哲学和社会科学，与社会史关系密切的学科如社会学、民俗学、人类学在中国开始建立。西方社会科学的传入也影响了历史学界。目前所见较早论述"社会史"的是李璜于1926年发表的《历史学与社会科学》（《东方杂志》23卷20号）一文。此外，促进开展中国社会史研究的重要因素，还有马克思主义的传入及中国社会史大论战。李大钊运用唯物史观改造传统史学作出了突出贡献，是中国马克思主义新史学的奠基者。伴随马克思主义唯物史观的传入，20世纪20年代兴起了社会发展史的研究，从总体上探讨人类社会的起源和变迁，它受马克思主义社会形态演进理论和进化论的影响很深。1927年，第一次大革命失败，不同党派由选择中国革命道路引起对中国社会性质的争论，进而产生对中国历史发展过程的认识，形成中国社会史大论战。这场论战对于历史学的贡献是把"社会史"作为历史研究的主流，并尝试运用马克思主义理论建立社会史学。马克思主义社会史观是一种宏观的整体史学，它在中国史学发展史上具有革命的意义。作为马克思主义社会史的代表著作，首推郭沫若 1930 年出版的《中国古代社会研究》，它开创了先秦社会史的新局面。此外吕振羽、侯外庐也作出了突出的贡献。

这一时期的社会史研究体现了新史学的特征。当时广义的社会史受进化论和马克思主义的影响，探讨人类社会的演进，以研究社会性质、社会形态为主，是社会发展史；狭义的社会史主要探讨民俗习惯等大众生活，社会分类及其组织、结构。新史学为社会科学提供了用武之地，社会科学学者对社会史表现出浓厚兴趣。二三十年代接受社会科学训练的学者，最早的一般是留学归国人员，稍后是经过他们培养出的学生。这些人早期教育受中国传统学术训练，熟谙典籍，接触西学后，很容易将新的认识工具在旧学中运用，剖析传统社会文化，做出的成绩也别有洞天。以社会学为例，燕京大学社会学系主任许仕廉主张中国社会学应研究中国古代社会，燕京大学社会学系培养出的学者确实在社会史领域一显身手，如瞿同祖的《中国法律与中国社会》成为社会史名著。此外，吴景超留学归来任教于清华大学社会学系，探讨汉代社会史。董家遵也是学社会学出身，研究婚姻史。研究社会史的其他社会科学者，有学哲学、宗教学的江绍原，著有《发须爪——关于它们的风俗》《中国古代旅行之研究》；主修生物学、研习遗传学和优生学的潘光旦，研究家族与人才别开生面；学法律的陈顾远，著有《中国婚姻史》。当然，研究社会史最多的还是学历史的，他们在断代社会史和专门社会史方面做出了突出的成绩。

50至70年代的史学热点与社会史研究

20世纪50年代以后历史研究的重心有"五朵金花"之称，即汉民族的形成、中国历史分期、封建土地所有制、农民战争和资本主义萌芽。后四个问题均同马克思主义社会史有关。中国历史分期问题有两方面的内容：一是指中国奴隶社会和封建社会的分期；二是指中国封建社会内部分期。前者的讨论沿袭社会史大论战，以解决社会形态的演进问题，后者是50年代提出的，为通史研究中涉及的问题。封建土地所有制的讨论集中在五六十年代，实质在于如何认识中国封建社会的基本性质。农民战争史的研究是为了说明历史发展的动力，以解释封建社会历史发展的规律，从而印证中国革命的道路。资本主义萌芽问题争论的是资本主义萌芽出现的时代及其定义、出现的经济部门、发展的程度及对阶级关系的影响、发展缓慢的原因。上述讨论在一定程度上深化了对马克思主义的理解和对中国传统社会形态、性质及其发展的认识，但存在的最大问题是把马克思主义教条化，旨在诠释一种理论模式。

有一些严谨的学者在社会史方面做出了成绩。历史分期方面，如何兹全的《中国古代社会》虽然定稿于80年代，但主要是总结以前数十年的研究和思考。再以农战史为例，发掘了农民运动的大量史料，整理成系列的资料集，基本上搞清了历代农民运动的状况。而且由此引发的农民史与秘密宗教关系的讨论，还推动了秘密社会的研究。资本主义萌芽问题的讨论促进了对明清社会变迁的认识。在土地所有制的讨论中，产生了如贺昌群《汉唐间封建土地所有制形式研究》、李文治《明清时代封建土地关系的松解》、傅衣凌《明清封建土地所有制论纲》等实证性成果。此外，侯外庐《中国封建社会史论》提出的很多问题具有启发性，而胡如雷《中国封建社会形态研究》建构了一个中国封建社会形态理论的基本框架。

60年代，史学界批判封建的政权、族权、神权、夫权，以清除封建主义的影响。"四权"在相当程度上反映了当时农村社会的权力状况。一些学者试图从探讨"四权"问题入手来认识传统社会，这又突出表现在"族权"问题上。除了不少批判族权的政论文章外，也有个别开创性的学术论文，代表作是左云鹏的《祠堂族长族权的形成及其作用试说》。在诠释经典理论和以阶级斗争治史的潮流中，也有部分史学家保持历史主义的治史态度，把占有史料和独立思考视为学术生命，从事创造性的社会史研究，如杨宽的《古史新探》、唐长孺的几本论文集就是代表。

总之，在这一时期的社会史研究中，社会形态史的研究进一步深化，农民战争史研究成果可观，但多数研究是诠释理论模式和说明公式化的规律，生产方式之外的丰富社会生活史研究少见，诸种社会科学的研究方法难觅，社会史研究基本陷于停滞状况。

中国社会史研究的复兴

改革开放以后，中国社会史研究走上了振兴之路。历史学界是以重新思考阶级问题为突破口的，1983年、1985年分别召开了"中国封建地主阶级研究学术讨论会"和"中外封建社会劳动者生产生活状况比较研究讨论会"，突破了阶级分析是认识封建社会唯一方法的观念，把认识社会的目光指向多种社会关系、社会群体和社会生活。这时出现了一批阶级研究的成果，这些著作多是作者多年研究的总结，资料扎实。如朱绍侯《秦汉土地制度与阶级关系》《魏晋南北朝土地制度与阶级关系》、张泽咸《唐代阶级结构研究》、王曾瑜《宋朝阶级结构》、韩大成《明代社会经济初探》、经君健《清代社会的贱民等级》等。

人们对以往的研究模式也开始全面反思。80年代以前的中国社会史研究带有宏观社会史和通史的特点，依据的是马克思主义的"社会经济形态演进"的理论，是生产方式发展史，也具有社会史的特征。马克思主义社会理论主要表现在广义的宏观社会史方面，所建构的社会历史理论模式为"骨架"的社会史，没有具体"社会生活"的系统论述，它还需要补充作为"血肉"的狭义的社会生活、生活方式内容，这是中国理论界长期忽视的。80年代初，中国学术界开始重新思考社会史研究的问题，试图建立以社会生活、生活方式为主要内容的新社会史。这种思考的大历史背景是改革开放形势下的思想解放，其动力主要来自史学界从中国历史实际出发对历史理论方法的反思、由于现实生活方式变化对马克思主义生活方式理论的探讨、国外社会史理论传入和社会学等社会科学重建的三方互动。

1986年是中国社会史研究的复兴之年。冯尔康、乔志强、王玉波相继撰文，倡导开展社会史研究。10月在南开大学举行了首届中国社会史研讨会，从学科的角度对社会史进行了讨论，把研究的视角指向人民大众的生活。新时期中国社会研究在诸多方面取得了重要成果，主要体现在断代的社会史、社会群体及其结构、社会组织、地域社会、人口社会史、社会习尚和以社会为视角的其他研究方面。还历史以血肉的社会生活研究、揭示社会精神面貌的社会文化研究、置社会史于地理空间的区域社会研究是当代中国社会史研究的三大特征。

中国社会史研究的展望

回顾新时期中国社会史研究的历程，我认为有如下发展趋势：一是社会史与地理学、人类学、考古学、宗教学、社会学、民俗学、文学艺术等人文社会科学的对话加强，开展跨学科研究；二是地域社会的研究进一步深入，研究与人类关系密切的疾病、灾害的环境史日益凸显；三是民众意识、信仰的探讨渐成风气，心态史与历史人类学的比重加强；四是深化人口、家庭、宗族、社会结构这些社会史基础问题的研究；五是探讨国家与社会、思想与社会、法制与社会这类从某一侧面强化整体历史研究的题目增加。近期，本学科领域的重点研究领域主要有地域社会史、家庭与宗族、基层社会与国家、思想与社会、法制与社会、明清以来的社会变迁、疾病、医疗及生态的社会史。

20世纪中国社会史研究始终以新史学的面目出现，研究视野之新、研究对象之新、研究方法之新，推动了历史学的前进。"新"是社会史学的生命，在进入21世纪之际，衷心祝愿她以更新的姿态开辟新天地。面向未来，中国社会史研究应当以提升学术水准、加强国际学术前沿课题的研究、突出中国社会特色为目标，加强问题意识，推出精品，通过具体问题的研究展现出新的风采。

（原载《光明日报》2001年3月20日）

宗族乡约

乡约往事

——从杨开道《中国乡约制度》说开去

2015年年底，社会学家杨开道《中国乡约制度》一书由商务印书馆重印，时隔68年，这部名著以新姿再次呈现在世人面前。其实，早于该书，1931年杨先生就发表了《乡约制度的研究》一文，奠定了该书的基础。杨开道的乡约研究，如同他名为开道，属于开创性研究。朱鸿林教授《二十世纪明清乡约研究》一文评价杨氏该文："就乡约类型的论述而言，此文几乎可称包举无遗。以后相当多的乡约论著，不管出于抄袭或是出于失考，所举说的乡约都没有超出此文的范围，而且在分析论说方面还多不及此文客观和深入。"杨氏研究乡约的学术贡献于此可见。

杨开道的乡约研究提出许多问题，影响了后世，我探讨乡约问题也有跳不出杨先生手心的感觉。不过这只是问题的一个方面，毕竟杨先生是基于社会学的研究，与历史学研究不同，历史学者可有自己的成绩补充杨先生的研究，甚至与之对话。我不揣谫陋，结合自己的研究体会，围绕杨先生提出的问题，谈些感受与看法。

乡约与乡治

杨开道自称站在乡治或村治的立场探讨乡约,关注乡治制度的变化,他发现"乡治制度的内容,进展到了明代,已经包有保甲、乡约、里社、社学、社仓五大部"。因此,杨先生探讨乡约是联系乡治五项内容进行的,非就乡约谈乡约,这样就使得杨氏的乡约研究视野开阔。

稍晚于杨开道研究明代乡约的王兰荫,1935年发表《明代之乡约与民众教育》一文,也提出:"明代举行乡约,每与社学保甲社仓相联络,遂成为乡村自治之中心。"看到了与杨氏有同样的问题。

一般认为,最早的乡约是陕西蓝田吕氏兄弟所创《吕氏乡约》,杨开道考证出北宋熙宁九年(1076)制定的《吕氏乡约》出于吕大钧之手。《吕氏乡约》的内容主要是向乡民宣讲"德业相励,过失相规,礼俗相交,患难相恤"。该乡约在吕氏家乡有局部试行。《吕氏乡约》经朱熹"增损"后影响扩大,广泛流行。

我在探讨乡约问题时,发现了一条南宋时期试行乡约的重要史料。清代徽州人佘华瑞《岩镇志草·艺文上》收录南宋度宗时期徽州乡绅邱龙友的《题请建立镇东祖社奏疏》,该资料记载:

徽州提刑节度同知致仕臣邱龙友、临安府钱塘县知县致仕臣王英杰谨奏:为请地立社以便祈报以敦乡约事。(中略)臣先本贯河南,承乏徽州,占籍官前,遂为歙民,编户岩镇,与王英杰同里。相念既居其乡,群其人,尝立乡社,规以乡约。窃见镇东旧有崇善亭基,鞠为草莽久矣。臣等冒死上言乞为社坛,集众同祀。庶春祈秋报有所因得,于时申明乡约,劝沮臧否,以保年谷丰登,以笃枌榆谊契,下期风俗之淳,上乐圣明之治。臣等幸甚,乡民幸甚。谨具本,令男立肃,诣阙奏请,干犯天威,伏候宸断。

咸淳六年正月口日具奏,臣邱龙友、王英杰。

奉旨:看得职官邱龙友、王英杰所奏,事理有协于义,准予立社,着本州官给帖付照,地税免征。钦此钦遵。

本部抄奉,仰徽州使秦纪勘行。

据此可知,咸淳六年(1270)徽州人乡绅向皇帝请求通过立社组织乡约,对乡民行为进行"臧否",移风易俗,襄助朝廷圣治。为此,这些乡绅来到杭州,赴朝奏请。皇帝对此十分重视,亲自批准。这反映出,以乡约加强乡民的结合及推行教化,需要借助民间传统组织的资源,利用社是因地制宜的办法,宋代的士大夫与国家已经就此讨论并付诸实践。

可见乡约的推行若离开国家的支持是难以想象的。明代乡约兴盛,多由官员、乡绅试行,杨先生认为这属于士大夫的自我行为。如此认识的依据是他认为,明朝"同后代乡约有关的事件,只有申明旌善亭子和圣训六谕"。"圣训六谕"，即"孝顺父母，尊敬长上，和睦乡里，教训子孙，各安生理，毋作非为"，是洪武三十年才颁布的，没有采入乡约，代替吕氏四条。一直到了成祖时候才同乡约产生关系。

我以为，乡约的思想体现在朱元璋的治理实践中。洪武时期的民间教化大致上有一个从宣传大诰三编向宣传《教民榜文》转化的过程。明朝对基层社会的控制，主要依靠以征收赋役的里甲制度和祭祀社神为主的里社组织。洪武二十八年（1395）应天府上元县典史隋吉鉴于农忙时民间缺乏劳动力，"请命乡里小民或二十家或四五十家团为一社，每遇农急之时，有疾病则一社协力，助其耕耘"。朱元璋认为这个建议很好，有助于乡里互助。洪武三十年（1397），朱元璋要求宣传"圣谕六言"。日本学者木村英一指出，六谕起源于南宋朱子的实践，即朱熹知漳州时为了民众教化所示的劝谕榜，正好和六谕的内容相同。而我们知道朱熹的乡约思想受《吕氏乡约》影响很大，也就是说圣谕六言脱胎于吕氏四言，反映的是乡约的观念。虽然朱元璋用老人木铎宣传六言与《吕氏乡约》的宣讲形式有所不同，其借鉴乡约制度则是无疑的。朱元璋又将基层社会教化的各种措施归纳为《教民榜文》或曰《教民要款》四十一条，于洪武三十一年（1398）颁行全国，宣讲圣谕六言被列入第十二条。

《教民榜文》的总体特征就是教化，而其中的宣讲圣谕六言大诰三编、行乡饮酒礼、里社祀神、兴办社学、奉养老人、祭祀祖先更是教化的主要措施。里社的实质在于通过会饮和读誓进行教化，达到"和睦乡里，以厚风俗"的目的，实际上是类似乡约的制度。因此《教民榜文》是通过设立里老，并以里甲为基础，结合里社、社学、乡饮等制度，以调解民间纠纷、施行教化为特征的制度性规定。《教民榜文》的颁布，可以视为明朝乡约制度的初立。我想这一看法非常接近杨先生的乡治内容。

洪武之后再一次全国性要求宣讲圣谕六言，是明朝于嘉靖八年（1529）根据兵部左侍郎王廷相的奏议做出的。以往对此的研究，主要的史料是《明世宗实录》、万历《大明会典》。笔者在以王廷相别号命名的《浚川奏议集》卷三，看到了王氏奏议的原文《乞行义仓疏》，弄清楚了事情的原委：王廷相针对罕见的荒旱而提出设立义仓的建议，他把义仓与民间社会组织结合起来，并赋予乡约、保甲的功能，成为三位一体的组织。他运用乡约制度而结合《教民榜文》的祖制，突出圣谕六言，从而使明朝以《教民榜文》为标志的教化政策更简明易行。王氏建议在当时影响较大的是宣读圣谕六言，所以被明会典列入"读法"，这实际上是乡约的变种。他的建议推动了各地普遍性的乡约活动。

乡约与宗族

杨开道研究乡约的时代，明清宗族的研究尚未全面展开，杨先生未将乡约与宗族联系起来，他的乡治理论缺乏宗族的内容。

我在《明代宗族研究》一书中指出，明后期乡约的大量出现还同隆庆、万历两朝的推动有重要关系。隆庆初年明廷又重申推行乡约。万历元年（1573）明朝兵部下令推行保甲乡约，万历十五年（1587）神宗令各地督学与地方官宣讲圣谕六言，推行乡约。嘉靖至万历时期各地广泛推行乡约，京师、南京两直隶和山东、山西、河南、陕西、四川、湖广、浙江、江西、福建、广东、广西、云南、贵州十三布政使司都有推行乡约的大量事例。乡约的不断推行贯穿有明一代，明代乡约初建于洪武时的《教民榜文》，改造于正德时期的王阳明，重建并普及于嘉隆万时期。

我发现，大约与明代乡约活动蓬勃开展的同时，明代宗族组织也在各地出现，宗族制度迅速普及社会，产生了"宗族乡约化"的现象。宗族乡约化，是指在宗族内部直接推行乡约或依据乡约的理念制定宗族规范、设立宗族管理人员约束族人，它可能是地方官推行乡约的结果，也可能由宗族自我实践产生，宗族乡约化导致了宗族的组织化。

明代浙江、江苏、江西、安徽的一些府、县地方官在推行乡约的过程中，尝试将乡约与宗族结合起来，在宗族设立约长，宣讲圣谕，把宗族纳入乡约系统。官府在宗族推行乡约，也得到宗族的认同，一些宗族甚至主动在族中实行乡约。宗族规范的大量出现是在嘉靖以降的明后期，这些规范是随着明朝官府推行乡约而出现的，多以"宗""族""祠"即宗族为单位。宗族规范的名称主要有两类，一类是"规"，有"祠规""宗法规条"；另一类是"约"，有"宗约""族约"和"祠约"，明显打上了"乡约"的印记。宗族制定规约的同时也加强了组织建设，在族内设置乡约系统管理族人，或者强化族长、宗子系统并乡约化。明后期乡约化的宗族活动特点是宣讲圣谕六言，加强对族人的教化。明后期由祖先界定出来具有父系继嗣关系的血缘群体的宗族，被功能化为社会团体，功能化是通过组织化实现的，组织化的标志是以推行乡约为契机制定规约、设立宗族首领、进行宣讲教化活动，并以建祠修谱增强宗族的凝聚力。因此，宗族组织化、制度化的实质是宗族的乡约化，宗族组织的功能首先表现在政治方面。

嘉靖八年以前宗族组织化形式更加具有多样性，也就是不太定型。嘉靖八年明朝大规模推行乡约制度后，宗族的组织化主要采取乡约化的形式，宗族的乡约化在各地均有发生，而且程度加深。

近年来，我考察北方宗族，又发现山西洪洞晋氏、刘氏，山东青州邢氏、冯氏等宗族也发生过宗族乡约化的现象，说明宗族乡约化遍及明代的大江南北。

杨先生十分重视明代著名官员、学者吕坤在山西任官员时强调乡约与保甲的合用，制定并推行《乡甲约》。杨先生举出吕坤很多著作，其中有《宗约歌》，成于他六十四岁家居时。我们已知宗约是宗族受乡约影响制定的规范，属于宗族乡约化的产物。事实上，吕坤致仕后确实在家乡进行宗族建设，制定宗约，使他的宗族乡约化。厦门大学毕业的博士李永菊找到了吕坤宗族的族谱，考察了吕氏宗族的乡约化问题。

清代推行保甲，吸收了乡约的思想，在福建、江西、广东等地宗族设立族正，我认为清代宗族发生了"保甲乡约化"。

乡约与保甲、社仓

　　杨开道高度评价明末江苏太仓人陆世仪的《治乡三约》，认为其是一个真正的乡约系统，形成完整理论。陆世仪主张以乡约为主，保甲、社仓、社学为属，乡约设约正为领袖，其他分属于教约、恤约、保约。乡约政治的工作主要是调查统计、举行乡会、奉行公事、调解纠纷、呈报工作。不过杨先生叹惜陆氏的方案没有实施。

　　其实，我认为清朝的乡治实践大体实现了陆世仪的乡治主张。清承明制，接受了明朝的教化体系，顺治九年颁行圣谕六言，十六年推行乡约。康熙九年颁布新定的《上谕十六条》：

　　　一、敦孝悌以重人伦；二、笃宗族以昭雍睦；

　　　三、和乡党以息争讼；四、重农桑以足衣食；

　　　五、尚节俭以惜财用；六、隆学校以端士习；

　　　七、黜异端以崇正学；八、讲法律以儆愚顽；

　　　九、明礼让以厚风俗；十、务本业以定民志；

　　　十一、训子弟以禁非为；十二、息诬告以全良善；

　　　十三、戒匿逃以免株连；十四、完钱粮以省催科；

　　　十五、联保甲以防盗贼；十六、解仇忿以重身命。

　　宣讲"十六条"就是乡约，其内容不仅有保甲、学校，还有宗族，形成社会治理的体系，自然也包括乡治在内。此后的雍正、乾隆等后续诸帝，对于宣讲都不遗余力。

更具有重要历史意义的是，雍正元年密谕同时推行保甲、社仓，皇帝要求因地制宜，徐徐为之，经过君臣数年的努力，基于儒家思想，宋代王安石主张的保甲、朱熹倡行的社仓，第一次在全国推行并普及基层社会。乾隆朝继续力行保甲、社仓，使其制度完善，便于维持。我通过对清代奏折等档案资料的研究，证明了雍乾时代的这一事实。

盛清时期的保甲、社仓与乡约，有时就是结合在一起的。如乾隆五年清廷要求各省督抚探讨朱熹《社仓事目》十一条之事，闽浙总督德沛与浙江巡抚卢焯的奏折说到浙江的情形：

> 浙省各属毋论城乡，皆设十家牌，编排保甲，互相稽察，年年清查，册报具在。浙省向设社仓乡约，专司出纳。查浙省经理社仓，现设正、副社长，兼有乡约、地保协查，足敷董理。

据此可知，浙江编立保甲，同时设立乡约，拟采取乡约专司出纳置簿管理借贷。地方官员主张利用现存的保甲、乡约、社长制度就可以推行好社仓，无须按照朱熹社仓法更张。这充分证明乡约、保甲、社仓制度已经普及，可以发挥应有的作用。

清中叶乡治的实态究竟怎样？现存刑科题本档案可以反映部分情形。地方发生案件后，负责地方事务的官役须向官府报告，南开大学中国社会史研究中心编《清嘉庆朝刑科题本社会史料辑刊》，以数省区为例，考察乡治的官役。在山西，笔者曾利用碑刻资料考察清代山西的乡约，得知作为宣讲、教化制度的乡约，在基层社会随着里甲赋役制度的变革，成为基层乡村的行政组织。乡约与地方连用，简化为"乡地"，成为共同维护村社秩序的核心。乡约与保也连用，出现了"乡保"一词，地方与保也连用，于是出现"地保"一词。这些用法表明，乡约与地方、保在清代山西乡村是最基本的行政组织。嘉庆刑科题本档案则反映出报案一般是由乡约、乡地负责，还有里甲、保甲系统，保长、保正、小甲、甲头、甲长等属于这一系统，发挥着类似乡约、乡地的功能。基层村社主要的管理者是乡约、地方、保甲，三者既独立存在，又有混合的形态，各府有所不同，基层组织呈多样化，只有县一级组织形式比较统一。

在盛京地区，呈报刑事案件的基层社会治安负责人主要是守堡、保甲、乡约。保甲系统最为普及，其次是乡约。保甲与乡约构成的乡保组织，已经成为该地区基本的地方行政组织。当保长、保正与乡约同时出现的时候，保长、保正地位高于乡约，负责呈报案情，而乡约与牌头同时出现的时候，乡约又高于牌头，多由乡约呈报案情。守堡是保甲、乡约组织之外并行的一套系统，守堡与牌头同时出现的场合，勘察案情有守堡、牌头，但绑缚犯人都是守堡，呈报案情似乎也以守堡为主，牌头的地位低于守堡。守堡与保正、保长同时出现的场合，呈报案情主要由保正、保长承担，而守堡负责缉拿，表明守堡的地位较低。

以上是北方的例证，我们再看南方。在江西，乾嘉时期刑科题本记载了以乡保、地保为主的地方职役，乾隆朝刑科题本中保正（保长）较"地保"为多，地方职役比较多样化。嘉庆朝刑科题本中"地保"绝对性增多，说明地方行政职役统一化，以"地保"为标志的地方职役更加深入基层社会，清朝的社会治理特别是乡村治理得到了基本的制度保证。

在四川，有关的二百七十二件刑科题本中，共计二百三十六件记载了报案的地方官役名称，其中有约邻二百零四件，占绝对压倒性的多数。虽然约邻有乡约与邻居合称的含义，但是多数情况下可以径作"乡约"理解，是入约的邻居。"约邻"取代"乡约"成为日常用语，应是嘉庆时期乡约制度实践的特色之一。民间户婚田土纠纷，往往投报约邻请予以调解，命案则由约邻报案。约邻在刑科题本出现，多是"问据约邻……同供""小的们忙来看明，一同报验（或具报）"的格式。查看与具报是"约邻"的职责所在，官府判案也要考察约邻是否忠于职守。

总而言之，我们的探讨足以证明清代乡约、保甲、社仓、宗族的普及与有效性。著名学者萧公权的名著《中国乡村：论十九世纪的帝国控制》其实探讨的也是乡村治理问题，该书考察的途径恰恰也以保甲、里甲、社仓、乡约、宗族为主。20世纪30年代以来有关乡村治理体系的考察，最初较为完整的表述正出自杨先生的《中国乡约制度》，乡约关乎乡治，其意深远。

（原载《读书》2016年第9期）

我的宋以后宗族史研究

作为恢复高考后学习中国史的大学生，受时代环境的影响，我关心中国近世为何落后的问题，试图从社会文化的历史传统中探讨原因。研究生阶段学习清史，进一步接触宗族问题，发现清朝推行以孝治天下，通过乡约宣传"上谕十六条"与《圣谕广训》，宗族扮演了重要角色。在清廷的倡导下，清人建祠堂、修族谱、设族田、立族学，宗族组织发展迅速。宗族的普及包含了政治统治、思想文化、社会结构多方面的内容，综合反映了当时历史演进的复杂性。特别是清朝从雍正时期开始在福建、广东、江西等地区推行族正制度，就是在聚族而居的地方推行保甲时，官府在宗族中选立族正维护族中秩序，发挥保

《宋以后宗族的形成及地域比较》
封面

甲的作用。官府通过族正控制宗族，而族中权势人物往往通过族正取得权力的合法性，控制地方社会。族正成为国家与社会的中介，官府对于是否设置族正处于一种动摇状态。这样我把宗族作为认识社会形态、了解国家与社会关系，特别是探讨基层社会的窗口。我在《清代的国家与社会研究》中论述政权与族权关系就是这种思路，近年来进一步探讨了清代族正制的开端及族正在近代闽台社会的存在形态。

　　清代宗族属于宋儒提倡的新宗族形态的社会实践，这种实践渐成气候是在元代。我决定专门探讨为人忽视的元代宗族，系统收集元人文集中的族谱序、祠堂记及传记中的宗族资料，研究了元代族谱、祭祖等问题。发现元代族谱体例基本完善，修谱已成风气，族谱这一名称已经流行；宗族制度主要通过墓祠祭祖体现，朱熹倡导的祠堂开始深入社会，民间还利用寺观祭祖。元代宗族研究的实践，使我认识到长时段、多角度看问题的重要性。借着撰写《中国宗族社会》（合著）、《宗族志》，重视从民风习俗、儒家思想实践、宗教世俗化考察宗族形态，更清晰地呈现宗族演变的过程与阶段性。

　　元代与清代的宗族研究过了，夹在中间的明代宗族自然不能放过，于是我撰写了《明代宗族研究》。祖先崇拜是宗族的基本观念，主要通过祭祖体现出来，我在书中不仅仔细探讨了祭祖礼制的演变，还选择宗族强盛的安徽徽州、江西吉安、福建兴化三个府，考察祠庙祭祖的源起与形态，从而进一步揭示了明代祭祖礼制变化与祠堂普及的关系及其进程。明朝要求百姓每月初一与十五宣讲"圣谕六言"，也是借助乡约进行，乡约与宗族有了结合，使宗族组织化，在嘉靖朝重整乡约后这种结合更加明显。于是我提出了"宗族乡约化"的观点，并发现"族规"一词出现于万历时期，其实是宗族乡约化、祠堂普及的产物。明代社会风气在嘉靖、万历时期巨变，明史学者多有论述。我将风俗变化与宗族组织普及联系起来，提出宗族组织普及也是士大夫移风易俗的结果。这样我就阐明了明代宗族组织普及的机制，即通过国家倡导、士大夫实践，在礼制变革、推行乡约、移风易俗综合作用下，嘉靖、万历时期形成了宗族组织普及的浪潮。联想到清代宗族形态，我又提出清代出现了"宗族保甲乡约化"的看法。

　　对元、明、清宗族有了比较深入的了解，我愈发认识到士大夫的儒家思想实践，是造成宗族组织普及的文化动因。由于有到韩国从事一年研究的机会，我继续研究儒家文化圈的宗族问题。如今的韩国，仍旧儒风浓郁，家家有族谱，墓祭祖先，各姓都有宗亲会。在那里，我主要进行了朝鲜族谱方面的研究。阅读朝鲜族谱，我惊奇地发现，朝鲜推行乡约的时期与宗族制度化的时期一致，也发生了"宗族乡约化"，两国的宗族史惊人的相似，走过了共同的社会发展道路。我尝到了社会比较研究的甜头，将这些看法收录于《朝鲜族谱研究》一书。

　　宋以后中国宗族的地理分布南方盛于北方，我们今天看到的聚族而居、祠堂、族谱也多是在南方，由于北方宗族没有像南方一些地区宗族明显的宗族象征物，有人甚至认为北方没有宗族。学者研究宗族史也主要讨论南方宗族，近来逐渐关注起华北的宗族。有学者问我对华北宗族的看法，我也只能说点大面上的话，感到惭愧。于是我着手探讨华北宗族，先前研究清、元两代宗族，都是从断代出发，涉及宗族地区分布时，会从省一级论述。受地域社会史的影响，研究明代宗族，采取了分府考察的方法，体会到再现历史的整体性在较小空间才能达成。研究华北宗族我在更小的县规模考察，而且还进行宗族的个案研究，以接近宗族存在的形态。不过除了这些冠冕堂皇的学理外，也有精力不济不愿将研究战线拖得太长的现实原因。我选择了以大槐树移民名扬天下的洪洞进行个案宗族研究，分别考察了韩、晋、刘三个宗族，这些宗族先以商业发家，然后通过科举转型为士大夫望族，再修谱、建祠、立规进行宗族建设，也经历了"宗族乡约化"，与南方宗族形态相同。这些宗族与商业相结合，有的宗族礼俗中改实物为礼银更给人留下了深刻印象。当然，这或许只是华北宗族的"洪洞模式"而已。

我体会到，宗族研究无论是断代性的还是地域性的，选取地域单位也不论大小，重要的并不是代表学术水平的高下，而是研究成果的互补关系。目前，我的宗族研究对象越来越小，然而对于宏观大问题的关怀未曾削减。学术研究贵在融会贯通，需要兼顾时间与空间、断代与跨代（长时段）、国家与社会，宏观社会的政治、经济、思想文化诸因素，应当充分占有资料，重视理论思维的培养，而治学的实事求是态度尤为重要。

（原载《中国社会科学报》2010年6月24日）

中国宗族演变的阶段性及其特色

宗族作为社会群体或社会组织，长期存在于中国传统社会，也是现代中国社会结构的组成部分。在漫长的中国历史当中，宗族呈现出阶段性的变化并具有不同的特色。

奠基：先秦宗族的商周两种模式

中国宗族是祖先崇拜的产物，祖先崇拜的核心是祭祖。宗族的最初含义是围绕宗庙祭祀的聚族者，从而形成宗族组织。先秦时期的宗族可以分为商、西周至春秋、春秋晚期以降至战国三个阶段。

商代的宗族，表现为"多子族"的血族团体组织，即商王未继位的王子王孙另立门庭，立庙铸器，祭祀所自出的祖灵，形成血缘群体。根据周人所讲，商遗的宗族成员是宗氏、小子与类丑。宗氏是以宗子夫妇为核心的小型家庭，小子为宗族内没有主祭权的庶子家庭，类丑则是宗族内的依附民。宗氏可以恩赐小子独立祭祀生身父母的权力。小子一经别族，拥有族邑，亦有自家的新墓地，便可独立，还有了标榜自己家庭的族氏名号，就是一个全新的宗族。相对于所自出的母族，他们是亚族，也就是分族。

西周采取赐民、赐土与赐姓命氏的封建制度。新出现的"姓族"，改变了周人对血亲范围的认知，彰显出家族团结的重要性，分家别族的自发性本能冲动受到抑制，于是宗族结构发生了变化。分封制度下的社会结构，如《左

《宋以后的宗族形态与社会变迁》封面

传》桓公二年记载，有姓族、宗族、分族与个体家庭，上自周天子、诸侯、大夫、士，乃至庶民，以血缘为纽带，层层统属。

春秋晚期社会结构发生了较大的变化。《左传》昭公三年记载叔向与晏子发出"季世"喟叹，社会剧变，"高岸为谷，深谷为陵"。封建制崩塌，宗族无法继续维系。庶民以氏相称，氏失去了"别贵贱"的功能。顾炎武《日知录·周末风俗》，总结春秋与战国之间的社会变化："春秋时犹论宗姓氏族，而七国则无一言及之矣"，即战国时期宗族组织崩解，无须以姓氏来定血缘亲情。"编户齐民"的时代从此到来。

变异：秦汉至五代宗族的多样性

秦汉的宗族大致有承转接续、形态多变、宗法下移、功能转换和影响深远的几个特点。宗族自身族权的发展，主要在宗族长对族众的管理、宗族的互助和自卫方面，至于祭祖和修谱的活动，因为它与门第、选官和婚姻有关，这就决定了士族的宗族活动必然还在一定程度上受到官方的约束，族权的下移是相对的。秦汉社会在宗族形态、组织结构和宗族制度上是一个新旧交替和重要变化的时代，这一时期的特色至为明显。汉代的家族中带有以父系为主、母系为辅，族制上双重性的特点，远古时代一些氏族因素被保留在秦汉宗族组织之内。秦汉的宗族带有"后氏族时代"特性。

魏晋南北朝时期的宗族结构一般是共祖以下三代亲族关系，即以己身为核心的父、兄弟、子，以及诸从父、诸从兄弟、诸从子。每个父系家庭分别是一个宗族单元。宗族是由若干宗族单元组成的亲族关系网络。宗族作为一种"关系"而存在，并非实体。每个宗族单元则是实体，更像家庭。宗族的存在是由族谱完成的，可见族谱对于当时宗族关系维系的重要性。宗族更为突出的是地缘性，宗族赖以生长发展的根基是乡里。乡里的宗族与乡党、邻里形成重要的地方支配网络。出仕于各地的宗族成员形成了以官僚成员为核心的宗族单元。士族门阀是当时重要的历史现象。

隋唐五代文献中宗族、期亲、亲族、家族都可以在某种场合表达宗族之意，作为宗族的概念，是指以血缘关系为纽带而组成的家庭联合体。宗族的基本组织结构包括家庙、谱牒、祖茔、族产及其来源与管理，宗族类型可分为皇族、山东士族宗族、关中宗族、鲜卑族宗族、岭南与蜀中地域特征突出的宗族及安史之乱后的勋族等，宗族与国家政权的互动与博弈影响着国家治理，士族宗族的家礼、家法和家学等文化传统影响着社会历史发展，宗族发展呈现出承绪、振兴、重建、大流动与大整合不同时期，宗族组织在社会文化生活中具有广泛、深入的影响。隋唐五代时期在中国古代历史上带有过渡性特点，但此时宗族的主要代表和核心价值还是来自士族类型的宗族。此阶段的宗族所呈现出来波浪式的发展过程，以及更加完善、成熟的组织、制度。

转型：辽宋西夏金元明清宗族的组织化

辽宋西夏金元宗族形态演变过程中，明显具有区域性差别。辽西夏金统治区域内的宗族，较多地继承了门阀士族宗族制度的观念和组织方式。宋代特别是南宋统治区域内的宗族，则沿着敬宗收族宗族制度的方向进行转型。辽西夏金社会上层以世家大族为主体，宗族在政治、经济、文化和社会生活中发挥着作用。游牧民族与农耕民族由于生产生活方式的不同及社会形态演变的差别，宗族组织方式亦表现出明显差异。游牧民族宗族的组织结构十分复杂。宗族首领不但维持宗族内部的秩序，而且会积极参与部落等各级社会组织的事务。农耕民族宗族组织内部成员之间具有较强的人身依附关系。两宋统治区域内，从魏晋隋唐门阀宗族制度转变为宋代的"敬宗收族"宗族制度，是唐宋之际社会经济关系变革的产物，同时也是士大夫为维护自身地位努力的结果。宋代宗族制度适应了中国传统社会后期的社会状况，在调和阶级关系、维护社会稳定方面发挥了重要作用。

元朝统治时期，敬宗收族宗族制度的发展逐渐完善，表现出南方与北方的地域性差别。元的大一统带来了相对稳定的社会环境，北方各民族的流动与交往日益频繁。南迁的北方民族宗族组织方式受到汉族的影响，南方宗族组织在南宋原有基础上进一步发展，宗族群体意识有所增强，凝聚性更为明显。

明代是宗族建设实践活动的活跃时期。如果说宋代学者提出了宗族建设的各种方案，明代则以大规模实践形成了新的宗族形态。明代宗族各种祭祖实践的发达，宗族乡约化，还是族谱形态完善的时期。建祠祭祀远代祖先的部分合法化，与修谱追记远祖，使明代宗族以确立远祖建构宗族的模式形成，宗族规模扩大，宗族组织化加强了宗族的向心力，改变着宗族的日常生活，形成新的宗族共同体并形塑社会结构。明代士大夫的宗族建设实践形成了大量世家望族，他们是社会的中坚，移风易俗，风化天下。明代宗族活动呈现出比较明显的阶段性变化，大致可以成化、嘉靖为界，分为初、中、后三个阶段。依据明代宗族的时空演化，分为三种类型：沿袭宋元传统聚族而居、崇祠通谱的"闽赣皖型宗族"，役田、义田较为发达的"江南型宗族"，新兴保家化俗的"粤型宗族"。明代宗族的社会属性总体上基于正统的传统意识形态，为移风易俗进行社会建设，是维护明代良好社会秩序的社会群体与社会组织，也在相当程度上适应了社会的发展变化。所谓中国近世宗族形态，是在明代完型的，宗族成为不可忽视的社会势力。

清代宗族经历了四个时期的发展变化：顺康间宗族制度不健全，活动不力。雍乾嘉道时期宗族发展壮大，与政府的一系列方针政策密切配合，呈现兴旺气象；宗族大众化与祠堂、祭祖普及化，族谱体例完善，保甲、乡约与宗族三位一体，构成基层社会网络。咸同光时期，长江中下游江浙地区宗族遭受太平天国起义影响并迅速复兴，政府对宗族的控制力随着国势衰微而有所减弱。光宣之际出现由族人选举产生的族会，使得宗族向近代民主自治团体方向演变。就宗族血缘性、民主性、自治性而言，清代宗族具有一定过渡性。清代宗族的发展变化呈现出四个特点：一是宗族大众化，具有"自治"性；二是宗法观念虽仍在生活中起作用，但在减弱，出现由传统型族长制向近代民主制转化的趋势；三是宗族教化民众，族权与政权相互配合，前者依附后者，也有一定的疏离；四为宗族的区域发展不平衡，不同时期发展程度亦不相同，其敬宗收族的努力与成效不相适应。清代宗族具有大众性、民间性、平民性、民主性、自治性、互助性、宗法性和附庸性诸种社会属性。

蜕变：近现代宗族与现代化

20世纪以来中国社会经历了三次巨变，即明清更替、中华人民共和国建立和实行改革开放方针政策。几乎与此相适应，家族走了这样的历程：受冲击—基本上销声匿迹——定程度的复苏。人们的宗族宗亲活动是在家族观念支配下进行的，各界人士的家族观有所不同，宗族、宗亲会一般活动与修谱活动均在开展，人们关注宗族与现代化关系、家族文化的当代价值。

20世纪以来的宗族受社会形态变更的巨大影响，自变、应变，逐渐克服已然不多的宗法因素，宗族形态越来越多样化，而最终向着宗亲会方向衍化。宗族在中国现代化初期，主动适应变革中的社会环境，努力摒弃传统宗族的宗法性因素，使自身成为随着时代前进的社会团体。宗族活动有促进和阻碍现代化发展的两种作用，但它适应农民扩大谋生手段和城乡人民精神慰藉的需要，以有益于现代化经济、文化建设为其主导方面。宗族能否成为社会中介组织，取决于宗族民众与政府双方的态度。民众需要提高政治和文化素质，以便进一步克服宗族的宗法性因素和提高活动质量；政府需要把握好如何尊重民众意愿，允许让宗族在发挥正面作用的同时克服消极因素的问题。总之，随着中国社会的巨大变化，宗族式微，但它能够适应社会发展变化，逐渐克服其宗法性，向近现代社会团体方向转化。

（原载《中国社会科学报》2022年7月5日，受版面限制，发表时最后一部分压缩较多，收入本书恢复原稿。又，本文综合了冯尔康先生暨闫爱民、王力平、王善军、陈絜、夏炎诸教授的研究成果，特此致谢！）

李贵录《北宋三槐王氏家族研究》序

    20世纪80年代以来，家族问题很受史学界的关注，宋代的家族研究也是如此，不断有研究成果面世。朱瑞熙先生《宋代社会研究》（中州书画社，1983年）专章讨论宋代家族组织，具有一定开创性；王善军先生《宋代宗族和宗族制度研究》（河北教育出版社，2000年）对有宋一代宗族制度进行了全面而深入的研究；陶晋生先生《北宋士族：家族·婚姻·生活》（"中央研究院"历史语言研究所，2001年）一书，则以新的学术理念和细腻的研究手法，使家族研究深入社会生活层面，标志着宋代家族研究进入新的阶段。这些还只是专书，有关宋代家族研究的论文则更多了，不胜枚举。黄宽重等学者还开展了宋代家族研究的课题，可以说宋代家族研究方兴未艾。近年来，宋代家族研究趋向个案研究，学者对于宋代历史上一些比较著名的家族，如相州韩氏、盐泉苏氏、河南吕氏、闽州陈氏等进行了研究，深化了对于宋代家族问题的认识。

    三槐王氏是北宋崛起的家族，真宗时王旦身为宰相，为皇帝所倚重，声誉鹊起。以后代有闻人，成为北宋引人注目的望族。学术界虽然注意到三槐王氏，然而研究薄弱。李贵录博士的新著《北宋三槐王氏家族研究》，以北宋时期为中心，加以专论，其选题是有意义的。本书的研究集中在三个方面：一是系统考证了三槐王氏的北宋世系，以四章的篇幅论述了三槐王氏从第一世到五六世的著名人物，可以视为家族群传。作者知人论世，每有新见。如为北宋三槐王氏最后的名人王伦辩诬，还其外交家的本来面目，尤为突出。二是考索了三槐王氏的艺文。三槐王氏虽有不少诗文创作，但散佚严重，作者钩稽群籍，有所发现，展示了三槐王氏的文化成就。三是论述了三槐王氏家族生活及姻亲关系。作者对三槐王氏复杂姻亲关系的考证描绘了社会关系的网络，指出婚姻关系是维持家族箕裘不坠的重要手段。作者还论述了三槐王氏"文正遗训"、家庭日常生活及门风。本书是作者在广泛搜集历史资料的基础上进行深入细致的考析后写成的，自有其学术价值。

拙见以为学者重视宋代家族问题，不仅在于了解宋代家族本身，而且也是关心其在中国家族史上承上启下的作用。学者每谓唐宋时期社会形态发生转型，家族应当是社会转型的重要指标，也有不少有关论述。过去比较单纯地把唐代望族看作门阀士族，将宋代望族视为科举之家，南宋史学家郑樵在《通志》中的概括最为典型。郑樵的概括抓住了唐宋家族不同时代的主要特征，但是容易抹杀其社会演进的过渡形态及忽视宋代家族形态的复杂性，宋代家族形态还需要进一步论证。以三槐王氏而言，第一代王祐的祖、父是唐末五代时期的官僚，父亲王彻还是状元。王祐官至宋朝兵部尚书，太宗的岳父符彦卿为节度使受诬，王祜为其担保："臣与符彦卿家各百口，愿以臣之家保符彦卿家。"使符获免。可见王、符两家规模之大及当时的家族观念。王祜之子王旦出身进士官至宰相，将三槐王氏发扬光大。王旦的子孙多有出仕者，其中荫官不少，宋代士族维持门第的重要因素——荫任、科举、联姻之间的关系值得继续思考。早在北宋初年的王旦就已经关注家族建设问题，他为吴氏家谱作序，还留下了"文正遗训"，以敬宗收族。"文正遗训"晚出，从其内容看似乎加进了后人的润饰，它对于三槐王氏家族维持、发展的作用也值得深入研究。三槐王氏形成后，三槐堂的堂号成为家族认同的符号，其在三槐王氏的历史上发挥的作用也应当纳入我们的视野。北宋的三槐王氏祖居河北莘县，后来落籍河南开封，南宋以后三槐王氏迁徙各地。明中叶苏州人王鏊进士出身，官至吏部侍郎，入阁预机务，光大三槐王氏门楣。三槐王氏绵延至今，苏州还有三槐王氏研究会，对该家族进行研究。因此，三槐王氏北宋以后的演变与形态值得从长时段考察，有助于认识宋以后的家族与社会变迁。作者既然已经有了良好的研究开端，何不继续探讨南宋元代甚至明清时期的三槐王氏呢？

我与贵录大学同窗，毕业后他分配到粤东韶关任教。他的学术研究条件虽然不算圆满，但因地制宜，研究地方历史文化，不断有文章问世。贵录又在职攻读研究生学位，努力提高自己的研究能力。特别是得到宋史专家张其凡教授指导后，学术研究进步很快，终于成此专著。我喜欢家族史研究，又略知贵录向学经历，今蒙不弃，索序于我，故不揣浅陋，如是写来，以为共勉。

2003年7月15日于津门

（原载《北宋三槐王氏家族研究》，齐鲁书社，2004年）

章毅《理学、士绅和宗族——宋明时期徽州的文化与社会》序

岁月如梭，认识章毅博士已经十年。2006年9月，应香港中文大学历史系朱鸿林教授的邀请，我作为博士论文审查委员，参加了章毅先生的论文答辩会。论文初稿《新安程氏与明代地方社会的礼教秩序》即给我留下了深刻印象，该文深入探讨了徽州程氏等重要宗族的历史，虽然强调的是礼教秩序，但着重点在于徽州宗族社会的整体变迁。

由于学术贡献，这篇博士论文获得了2006年度"香港中文大学青年学者论文奖"，并得到了香港中文大学的资助，以《理学、士绅和宗族——宋明时期徽州的文化与社会》为书名，于2013年春在香港出版。修改后的书名更加符合书的内容，还凸显了"士绅"的中心作用，并体现"长时段"的鲜明特色。该书的重要性，不仅在于从微观史实层面揭示了徽州宗族的早期历史，将徽州早期居民塑造祖神的过程考证出来，为认识明中叶至清代徽州宗族奠定了坚实的基础，而且注重从文化史的路径整体把握徽州社会变迁，把明代徽州宗族的出现作为文化建构的产物，并深入考察了与之相关的复杂历史因素，如程朱理学在当地的传播、地方精英的观念

转化及明代国家礼制政策的调整等。作者熟练运用了文献学和考据学的方法来辨析史实，进行了一系列的新论证，做到宏观与微观的结合。

大的方面，如从国家力量深入地方的角度，重新叙述早期徽州的历史，展现徽州行政地域的形成过程；小的方面，如揭示元代徽州社会的特征，元明之际地方祭祀传统的转变，以及明初政治在徽州的影响等，均别有新意。

该书初版时，我曾为之撰写了推荐语。今夏章毅告诉我，他的书要出简体增订版，希望我能写篇序言。怀着佳文共欣赏的心情，我应承下来，愿向朋友们再次推荐它。我知道作者近年来利用元代徽州地方文献开展社会史和文献学研究，已取得重要突破。新书增设的《元代社会流动的新趋向》《元代谱牒〈汪氏渊源录〉研究》《明刊宋元史籍〈新安忠烈庙神纪实〉研究》三章，即体现了作者最新的研究成果，使新书更加完善。这是一项有关明中叶以前徽州宗族社会形成发展的整体历史研究，颇具个性，所展示的学术魅力十分诱人。读之如入宝山，不会空手而归。祝贺章毅博士！

2017年6月4日于津门

(原载《理学、士绅和宗族——宋明时期徽州的文化与社会》，浙江人民出版社，2017年)

韩国的宗族文化与中韩文化交流

　　吴一焕博士的学位论文出版之际，他嘱我撰写序文一篇，置于我们共同的恩师冯尔康教授大序之后。我再三辞谢，认为有老师的序言在，我实不敢以附骥尾，恐与我的名分不合适。不过一焕兄坚持己见，并希望在序言里比较详细地撰写有关韩国宗族方面的内容，理由是我了解他写作博士论文的过程，研究过朝鲜的族谱，且在韩国生活过一年，算是比较熟悉韩国宗族文化的人了。我猜测他可能是想通过我向中国读者介绍韩国宗族文化，顺便也将一些中国的宗族文化及中国学者对韩国宗族文化的感受介绍给韩国读者。鉴于我所介绍的内容，也许是不少读者目前还比较陌生而有兴趣了解的，恰好也可以使我这个对韩国宗族文化一知半解者藏拙，也就接受了这一"强加"给我的任务。我想这个任务有利于中韩人民的互相了解与交往，不妨一试，于是就存中韩交流之大义而捐名分之小私了，想必老师对我们的做法是赞成的。下面我想从三个方面来谈。

一、关于韩国的传统宗族文化

说到朝鲜、韩国的宗族文化，首先会让我们想到他们使用汉字姓氏。就以一焕博士来说，姓吴，在中国的《百家姓》里，开头便是"赵钱孙李，周吴郑王"。吴属于大姓。大家熟知的政治家金日成、金大中，也与中国的金姓属同一姓氏。不过，我们经常见到的朴姓，则是朝、韩民族特有的姓氏。朝、韩民族姓氏使用汉字表达，实际上是历史的产物，新罗、高句丽、百济三国时代韩朝古代民族上层社会的王族与贵族开始有了姓氏。高句丽的始祖朱蒙以国号中的高为姓氏。百济的王姓余氏，中国的《北史·百济传》记载百济国中大姓有沙氏、燕氏、劦氏、解氏、真氏、国氏、木氏、苗氏八族，472年曾派弗斯侯、余礼、带方、张茂等出使北魏，自谓与高丽源出夫余。韩国古代史书《三国史记》中则记载了十七姓（也有人认为仅指称人名）。《三国史记》和另一部古书《三国遗事》记载新罗第三代王——儒理王赐姓六部（六村）居民李、崔、孙、郑、裴、薛六姓，比如俱礼马赐姓为孙，苏伐都利赐姓为崔等。新罗有驾洛国始祖首露王生自黄金卵的传说，就以金为姓。姓氏出现于三国时期是有一定根据的。在新罗、高句丽、百济输入中国文化之后，它们借鉴了中国的姓氏。上述赐姓李、崔、孙、郑、裴、薛六姓于六部（六村）居民事例中的中国姓氏，多是唐代望族姓氏，赐姓可以抬高被赐者的社会地位，是认同中华文化的表现。

新罗灭亡后，继起的高丽官僚、士类取得姓氏的宗族增多，1481年刊行的《东国舆地胜览》记载了204姓，其中出现了诸多汉族姓氏。到了朝鲜时期，由于宗族意识的强化，新的姓氏激增，总计有496个姓氏，姓氏普及全社会。金、李、朴、崔、郑是韩国的五大姓氏，尽管这些姓氏多与汉族姓氏相同，实际上只是用汉字表达韩国自己的姓氏而已。换言之，韩国一些姓氏追述祖先出自中国唐宋时期甚至更早，有的还说是名人之后，往往难以证明，因而未必可靠。

不过也有一些中国人在朝鲜半岛定居，被朝鲜民族同化，成为归化人。这些人的祖先几乎历代都有，最可靠的是朝鲜时代在壬辰倭乱时支援朝鲜的明朝军士及明朝灭亡后到朝鲜避难定居者。这批归化人计有贾、董、杜、麻、徐、石、刘、柴、施、王、李、张、郑、陈、千、楚、秋、冯、胡、扈、化、黄22姓24人。吴一焕博士研究的正是明清之际居住朝鲜的明遗民，特别是他们的宗族活动，其中论述了这批遗民的祖先在崇拜观念支配下的祭祖、修谱等问题。

高丽时期族谱的特点是除了记载男系成员外，同时记载女系的外孙，这一情形一直延续到朝鲜时代。曾经是高丽王族的开城王氏族谱首卷《高丽圣源录》1798年（朝鲜正祖22年）首次刊印，是迄今为止最古老和最丰富的高丽王朝记录。该书从高丽太祖王建的曾祖父到朝鲜开国不久的后代为止，详细记录了包括女系在内的王氏家系。这本书现存于朝鲜平壤中央历史博物馆，韩国的开城王氏中央宗亲会也有。南阳洪氏高丽时期的谱牒为内外谱，是分别为图的挂谱，内谱记载太师至尚书八世，外谱记载尚书妻党王氏之派。实际上"八高祖"反映出时人对于祖宗的一般认识，这种记载八世祖先的家谱后来叫作"八寸谱"，"八高祖"大致相当于中国五服的亲属范围，但它是双系的，即包括基本上并列地位的内外祖先。中国的五服也包括女性，不过女性是作为丈夫附属出现的，这一区别很明显。朝鲜时代著名的族谱《成化安东权氏世谱》《文化柳氏世谱》（嘉靖谱）也能够看到重视外孙的内外谱结合的朝鲜族谱特点。

朝鲜时期的族谱是高丽时期修谱的继续。海州吴氏在14世纪末从事修谱活动，所依据的"古图"大约传自高丽时期。现存最早的朝鲜族谱序言是海州吴先敬1401年所作，吴氏所修世系图也可能是目前所知朝鲜时期最早的族谱。15世纪朝鲜修谱已经比较普遍，广州安氏的安省生活在15世纪20年代，他"平生逢人则必问其内外之谱"，可见当时有"内外之谱"已经是比较普及的事情。安省所修族谱三卷，"以安氏姓孙为上卷，外孙为中、下二卷"。该谱不似较之稍晚而成的安东权氏成化谱，安东权氏成化谱是内外混合谱，即一个世系表里内外子孙都记载，而安氏谱则内外分开，内谱中有"同曾高祖之外孙并书于上卷"的混合形式，既强调"明内外之分也"，又突出近亲关系"甚切"。内谱还记载了中国安氏的"由起""根本"与朝鲜安氏中异于中国安氏之贯（祖居地）者。外谱收录的范围是"同高为限"。该谱已经有明确的书写原则：一是记庶孽（妾子妾女）于嫡女之后，二是将公私贱隶无婚姻关系（定耦）所生男女"直书名于卷之末"。这些书法原则基本为朝鲜族谱所遵循。由于高丽末朝鲜初废佛崇儒，儒家文化成为李氏朝鲜的官方文化，给朝鲜社会带来了巨大的影响。

朝鲜族谱的修谱思想来自中国儒家特别是宋儒的主张。有关传统儒家经典的引用,如文化柳氏成化序的作者柳颖身为士大夫,熟谙儒家经典,引用《易经》的说法。礼安李氏的谱序有万物本乎天,人本乎祖,祖为生人之始,尊祖敬宗以亲九族等出自《礼记》等儒家经典的思想。中国传统的宇宙观将万物视为气的产物,世系继承的原理在于气之流通。朝鲜族谱论述修谱的理由时也吸收了这样的思想。广州安氏的安省讲到他记载同姓之女的原因是"彼亦曾受吾祖一脉之血气者",认为女子也可以传承祖先的"血气",这是值得重视的观点。南阳洪氏的洪逸童说"派系之图所自出"乃气形成世界(即天地人三才)后,"自上古二人之身而蔓延",于是父子相传,"波流至于今日",也就是说世代"实一气之流通"。修谱不外是重祖先、不忘本而已。

至于采用宋儒的主张,阳城李氏谱序从宇宙论的角度论述人的由来与特性,把修谱作为人的属性提倡,指出气构成天地,天地生人,故"落地皆兄弟",而作谱是祖先之子孙的义务。如果不能亲族亲,则同于鸟兽鱼鳖。亲亲是判别人与鸟兽鱼鳖的标志。将兄弟的"天作"性质归结成"天理",要求"不负天理""不负人伦"。该序从"天理"论证"人伦",是宋儒的特色。族学思想已经纳入理学的范畴,早期族谱引用宋儒苏洵修谱思想比较多,如水原白氏引用了苏洵修谱可使族人油然而生孝悌之心的说法。礼安李氏也引述了苏洵的修谱以免服尽亲尽的族人视同途人、观谱可使孝悌之心油然而生的主张。17世纪引用张载关于管摄人心厚风俗须修谱与为国家立忠义的收族论也大量出现，同时引用范仲淹谱说的也有一定数量。朝鲜时期的修谱多为大姓望族，谱书成为宣传家世的资料，具有士大夫的特性。

值得注意的是，17世纪前后朝鲜宗族活动发生了比较大的变化。17世纪以前朝鲜的修谱主要是为了记载世系，多属宗族中著名士大夫进行的比较单一的文化建设。17世纪的朝鲜族谱则不仅仅追求世系的记载，而且随着宗族的组织化，成为宗族组织的事情。17世纪以前的朝鲜族谱多称世谱，已出现族谱的名称，17世纪又出现了"宗谱"一词，"宗谱"是联合支派的大宗谱的意思，联合众多"宗派"的世谱，较之过去扩大了收族范围。修谱与立宗的关系受到重视，赋予谱法与祭义，发挥朱子小宗法之外的作用。大小宗的区分也已经出现。"吾宗""宗人""宗姓""宗党""同宗""诸宗""宗中"的用语大量出现，表明"宗"的意识已很牢固。在宗的基础上出现了宗长。墓祀、族会是宗族活动的重要形式，编修族谱也往往在此时商定，族会具有宗族组织的性质。宗族会议也见诸于墓祀之外，"宗议""门议"是宗族会议经常化的证明。"门议"也说明门的组织化，这时"门长"出现，"门中"意识是与"诸派""本宗"相联系的。"门族"也是新的宗族用语，"门"意识大发展是宗族繁衍与组织化的产物，"门"是修谱的重要单位。17世纪朝鲜宗族的组织化是以乡约的推行为背景的，宗族与乡约的结合促进了宗族的组织化。18世纪宗族的发展体现在支派繁衍、迁徙于各地，并形成值得注意的首都与乡下的京乡关系，这种关系在修谱中有所反映。18世纪的谱序论述族谱的功能进一步政治化，宋儒的思想被深刻理解。修族谱更加普及和程序化，通谱的性质加强。女性的地位在族谱中下降。修谱反映出的宗族社会结构特征更为突出，宗族制度得到充实。19世纪的朝鲜族谱突出伦理道德的教化功能，伪谱的大量出现成为这时人们议论的问题，谱序论述的重点是在纂修族谱的合谱与分修方面，反映出朝鲜社会姓族结构的复杂性。

关于朝鲜时代的族谱与宗族问题，我在《朝鲜族谱研究》一书中有较为详细的论述，此处不赘。

二、现代韩国宗族文化

1910年8月22日，日本迫使李氏朝鲜政府签订《日韩合并条约》，正式吞并朝鲜，朝鲜沦为日本的殖民地。宗族是朝鲜民族的根本，正是宗族的存在，才可以保证民族文化在殖民地时期得以延续。日据时期宗族活动受到抑制，说明殖民者看到宗族凝聚民族向心力的巨大作用。由于日本殖民者进行土地调查，没收了部分宗族共有地，弱化了宗族组织"门中"的功能。日本殖民者无视朝鲜民族传统的亲族制度，移植日本的民法，如承认异姓养子、婿养子。特别是1939年强制推行放弃朝鲜民族姓氏而采取日式姓氏，企图从根本上改变朝鲜民族，如此包括祖先崇拜在内的宗族文化也就会荡然无存。同时日本推行说日语等，也加剧了破坏朝鲜民族传统文化。日本的皇国民化，自然受到了朝鲜民族的强烈抵制。

1945年，第二次世界大战结束，朝鲜民族获得解放，人民生活在北部朝鲜、南部韩国两个本民族的政权下。1950年6月25日至1953年7月27日，南北方之间发生了朝鲜战争，其间，众多朝鲜人民特别是韩国人流离失所，失去了祖先的牌位，祀堂遭到破坏。

1950年，韩国实施农地改革，瓦解了农村的身份秩序，由于公有财产的解体，集团凝聚力弱化，人们从以宗族为中心开始向以家族为中心的生活转变。

20世纪60年代，韩国推进工业化，人口向城市集中，农村衰落。韩国农村宗族的同族意识及对门中组织的态度发生了变化，宗族意识弱化，人们开始脱离宗族的规范，从重视过去转向重视现在，看中经济利益。

城市化的宗族转变为现代宗族。一方面，城市宗族脱离父系中心的原则，具有了包含妻系的性质；另一方面，城市还产生了新的宗族组织——宗亲会（花树会）。

宗亲会产生于20世纪60年代。一般来说，宗亲会将设在交通便利地方的宗亲的商店作为联络场所，有专门的人员处理宗亲事务，进一步的还有独立的事务所。60年代末，在首都陆续出现全国性的宗亲会组织。全国性的宗亲会，多叫作大宗会、中央宗亲会。如韩国罗州罗氏宗亲会设在首尔。大的宗亲会包含各地方的宗亲会，大型的宗亲会往往设立会长团和理事会，副会长、理事多按照宗族的派别分配。宗亲会还设置总务、财产、文化、奖学等部，或是设置各种委员会处理有关事务。宗亲会的基层组织为地方支部或分会，支部或分会与传统的门中、派并不一致，可以包含后者。宗亲会制订有活动章程，其活动有定期和临时的。总会的定期活动一般一年一次，多在春秋举行。宗亲会要通过财政、选举等各种报告。由于宗亲会与会人员众多，往往在宗墓或学校礼堂举行。总会主持祭祖，开设宴会，决定宗亲会的活动。宗亲会在传递各地宗亲信息方面发挥了重要作用。宗亲会的宗旨在于加强宗亲德的亲睦与团结。韩国还有"韩国氏族总联合会"这样的组织。

宗亲会多发行报告中央和支部活动事项的报纸"宗报""会报"。如罗州罗氏宗亲会就办有《罗州罗氏会报》。"宗报"是宗亲发布各种信息和讲述感想的地方，我经眼了一些宗报。如位于首都的平山申氏大宗中在1972年创办宗报，至1999年出版百期，于是出版缩印本《平山申氏大宗中史》以资纪念。《平山申氏大宗中史》目次如下：一、宗中的沿革，二、一般宗中史，三、大宗中现况，四、宗中年表，五、表彰受赏者名簿，六、年度别奖学金支给实绩表，七、平山申氏大宗中都有司名衔，八、始祖壮节公墓所春秋享祀献官录，九、平山申氏宗报，十、宗报索引。顺天朴氏中央宗亲会设在首都，1985年创办《顺天朴氏宗报》，至1999年发行85号，基本上是隔月发行。该宗亲会设有专门的顺天朴氏宗报社，也出版了缩印本。从宗报了解到，顺天朴氏有会旗，订有宗训：崇祖尚门，中央宗亲会设在会馆，始祖墓所建有鸢山斋，每岁一祭。此外，首都的龙仁李氏大宗会1986年创办《龙仁李氏宗报》，至1996年发行40号。可以说，宗报记载了宗族的活动，承载着民族文化。

宗亲会经常举行的活动是向品学兼优的子弟发放奖学金。宗亲会更大的活动是建设祖墓，各宗族自豪地宣称是名人之后，在墓地设立壮观的墓碑、石像与斋室，而管理祖墓也就成了宗族的重要事务。20世纪60—70年代，韩国补修文化遗产，建立纪念馆，有的宗亲会也从国家得到一些补助加强祖墓建设。宗亲会的另一项大的事业是编修大同谱，即通谱。

现代韩国宗族文化发达。韩国法律曾经长期规定同姓同本（同宗）不婚，直到21世纪初才改变了这一婚姻原则，但是民间还有坚持的。反对者认为法律的这一改变从根本上动摇了传统的伦理道德。2001年9月，我在位于首尔的成均馆（孔庙）墙壁上就看到过成均馆儒道会本部的一幅标语"同姓同本许婚，文化民族的耻辱"。

韩国春节、寒食节、中秋节放假，人们一定要祭祀祖先。城里的人假期开车回到乡下，高速公路车水马龙。因此，塞车也是常有的事情。

韩国人每一姓氏都有自己的世谱，人们都能在谱上找到自己的名字。世谱印刷精良，有很多照片，往往有通讯录，供宗亲联络。韩国族谱多载有礼仪方面的知识介绍，供人们学习的同时也保存了民族文化。不过这些礼仪受到了朱熹《家礼》的巨大影响。由于族谱编修的普及，专门的出版社也应运而生。如大邱市就有专门经营印刷族谱、文集的大谱社。

三、宗族文化与当代中韩交流

改革开放后的中国，向世界开启了大门，20世纪90年代初，韩国人民也来到了他们向往已久的中国。

　　我最先看到的韩国人，恰恰是明遗民的后代。1991年7月10日—13日，南开大学主办"第二届明清史国际讨论会"，我们接待了一位特殊的客人——来自韩国的冯荣燮老先生，他年逾七旬，鹤发长髯，一副儒雅气象。冯老先生的韩国始祖是明清之际到朝鲜定居的山东临朐人冯三仕。明崇祯九年，清崇德元年（1636）皇太极第二次对朝鲜用兵，迫使朝鲜断绝与明朝关系向清朝称臣，次年，清军撤离时还把朝鲜国王的三个儿子作为人质带回沈阳。1636年是农历丙子年，韩国将这一历史事件称之为"丙子胡乱"。朝鲜人质凤林大君等在沈阳一住就是八年，顺治二年（1645）才被放回朝鲜。冯三仕等人与凤林大君在沈阳共处八年，后与其他中国人共九人来到朝鲜，人称陪驾东来者为"九义士"。冯荣燮先生向南开大学赠送了《大明遗民史》，向会议赠送了记载九义士的资料。他来中国是为了寻根问祖，寻找临朐冯氏族谱。冯老先生到山东朝拜了泰山，登顶时一步一叩首，表达对中国文化的顶礼膜拜。

　　第二届明清史国际讨论会结束后，8月28日—9月3日"中国谱牒学研究会第二次学术讨论会"在山西太原举行，我在会上见到另一位明遗民的后代片泓基先生。明万历时日本于1592年（壬辰）、1597年（丁酉）两次侵略朝鲜，韩国史称"壬辰之乱""丁酉再乱"。当时明朝出兵援朝，"丁酉再乱"时，明朝杭州人片碣颂以提督中军参战，因被谗而断归国之念，定居朝鲜，世居岭南、湖南、忠南三个地方，传至片泓基先生为18代，人口约15000人。片泓基先生有强烈的"故国之思"，致力于韩国的明遗民研究。1981年，他组织成立了"明义会"，担任会长长达十几年。"明义会"通过查阅资料，找出26支24姓明遗民20多万人，还编纂了《明国东渡人》联合族谱。另外，据片泓基先生说：箕子朝鲜之后历经新罗、高丽、朝鲜，自中国东来归化之姓氏合计共有136个，其中箕子朝鲜时8个，新罗时41个，高丽时62个姓氏。以韩国有250个姓氏观之，半数以上的姓氏来自中国的归化姓氏。据1985年的人口调查，归化姓氏的人口高达一千万。

据报道，"丁酉再乱"时援朝的明朝水军提督陈璘的韩国后裔，于1994年祭拜了陈将军的祖籍广东韶关翁源县周陂镇龙田村的陈氏宗祠。

1992年8月24日，中国与韩国建交，两国正式开始交往。随着中韩交流的深入，不少韩国人到中国寻根问祖。如有学者认为韩国"古驾洛国"始祖"金首露王"王后许黄玉祖籍是四川资阳市安岳。据说东汉初朝廷平息四川叛乱，"乱民"被官府流放武汉，其中有年方16岁的安岳女子许黄玉（生于东汉建武八年即公元32年），船到武汉，许黄玉家族等20人杀死随船官兵，夺船沿江东下，漂流入黄海，他们的红色帆船在驾洛国登陆。后来许黄玉与驾洛国开国始祖首露王金氏结婚，为隐瞒东汉"乱民"身份以免遭遣返回国，许遂谎称自己是印度阿渝陀国公主。许于公元189年3月1日逝世，享年157岁，谥号"普州太后"，现在韩国的金海市，保存有许黄玉陵墓，其碑刻有"驾洛国首露王妃普州太后许氏陵"字样。韩国人考察后认为，安岳县瑞云乡许家坝许家祠堂的许氏家族的标识物汉代古墓"双鱼纹"，与韩国金海龟旨山普州太后许氏陵上的双鱼纹极为相似。已经有六批韩国人访问了许家坝。

韩国的庾姓自认出自东晋初年奉旨持节出使高丽的庾苟悠。庾氏在韩国由平山、茂松等地向四面八方扩散，1980年在韩国汉城居住的庾氏结成亲睦会，1984年3月更结成平山·茂松庾氏大宗会，目前韩国与朝鲜各有庾姓万余人。韩国庾氏寻亲团访问了广东东莞谷涌村庾氏宗祠。

韩国林姓以林八及为都始祖，认为唐朝官员林八及被奸佞进谗而见逐，浮海泊于平泽，在新罗国任职，官至吏部尚书。林八及卒后谥忠节公，葬平泽龙珍坊云岩洞。林姓至今传42代，人口120多万，分布于平泽、扶安、镇川、醴泉、长兴、安义、淳昌、益山和蔚珍等地。蔚珍谱载有八及公的祖源：唐元和初年（806）为西川推官的远祖林蕴。都始祖忠节公林八及的铜像，坐落在韩国江华湾平泽滨海。在中国族谱中，林蕴是福建九牧林氏六房，韩国林氏多次到中国查证祖先，在南安官桥内厝拜谒了比干古画像并带回唐九牧六房谱牒。他们认为八及公根在唐代泉州，渡海出国地点为惠安东岭彭城古渡头，于是在此设置"唐邵州刺史蕴公玄孙、新罗（韩国）林氏都始祖八及公渡海处"纪念碑。韩国林氏还在南安官桥内厝捐建规模宏大的"比干纪念堂"。自1995年6月以来，韩国林氏宗亲中央会六次组团来泉谒祖。

浙江湖州市菱湖竹墩村是"吴兴沈氏"的发祥地之一。据说沈满生于北宋徽宗政和二年（1112）携丝绸离开吴兴竹墩，前往高丽做生意。随后沈满生滞留高丽，成为韩国沈氏始祖，子孙延续，现有12万人，分别在丰山、青山、三陟成立了沈氏大宗会。韩国丰山沈氏大宗会两次到竹墩寻根访祖。当地还设立了寻根碑。

韩国丰川任氏认为先祖任温于700年前从浙江慈溪市掌起镇任佳溪村来到韩国黄海道丰川。韩国《丰川任氏世谱》记载，任温是南宋时出使高丽国的使节，因南宋灭亡无法回国定居高丽，至今后裔已有20万人。

明玉珍（1329—1366）是元末农民军的著名领袖，湖北省随州市人，因为信奉明教而改姓"明"。至正二十三年（1363）正月在重庆称皇帝，国号"大夏"，年号"天统"，以重庆为中心。明玉珍因病去世后其子升继位，明洪武四年（1371）被朱元璋所灭。据《明史·明玉珍传》记载，明玉珍后代于洪武五年（1372）正月徙往高丽。叶子奇《草木子》记载明升去了高丽。韩国明玉珍后裔说，大夏国被灭后的第二年，明太祖朱元璋就将明升及其母彭皇后等27人遣送到高丽，高丽恭愍王把延安、白川两县作为贡物，供奉给明升一家，并将位于松都（现朝鲜开城）北部梨井里的兴国寺提供给他们作为邸宅，配以奴婢。明氏一家在高丽定居后，明升与郡夫人坡平尹氏结婚，生有4男，繁衍至今。2000年韩国政府在人口统计调查中，查明在韩国生活的明玉珍后裔人数已达2.6万人。如果加上在朝鲜生活的明玉珍后裔，有4万余人。1973年在韩明氏家族在汉城成立了"明氏大宗会"中央宗亲会，1986年明氏后裔编成《明氏大同谱》。彭皇后去世后，安葬在朝鲜松都万寿山的肃陵，并建有祠宇。由于南北分裂，在韩明氏后裔无法前往肃陵进行祭奠。1993年，明玉珍后裔在韩国京畿道坡州郡坡平面斗浦里临时兴建了一座占地约1800平方米的大夏太祖明玉珍皇帝景慕祠。1995年，"明氏大宗会"会长明完植率参拜团正式赴中国重庆明玉珍皇帝陵参拜祭祖，此后"明氏大宗会"每年都组团前往重庆祭拜先祖。2001年将明玉珍皇帝的忌日阴历二月六日定为祭祖日。1999年在韩"明氏大宗会"正式出版了《明氏始祖大夏太祖明玉珍皇帝史迹》一书，并修订发行了《明氏大同谱》。谱中写道："明玉珍皇帝史迹，是我们始祖的贵重资料，作为家宝，要子子孙孙传下去。"

上述来华寻根的韩国始祖，追溯到中国的东汉、东晋、唐、两宋、元明之际，加上明义会明代与明清之际的事例，从东汉到清代都有，历时近两千年。韩国族谱记载了中国移民韩国的历史及两国的文化交流。如今的韩国人来华寻根问祖，组织者为宗亲会，凭借的是族谱，到祖居地祭拜的是宗祠，祠堂、族谱与宗亲会连接起两国的族人，宗族文化反映的是共祖的亲情，并由此产生对于儒家文化的认同。

中韩建交后，在大学工作的我，看到大批留学生进入校园。吴一焕先生也于1994年留学南开大学，他的研究课题恰恰是明遗民问题。这也是我感兴趣的题目，与吴先生的接触，使我进一步认识了韩国人及其文化。韩国高等教育财团基于对中国及其他亚洲人民的友好，资助学者赴韩国从事学术研究。2001年8月底，我作为第二批学者赴韩，选择的研究题目是朝鲜时代族谱。在韩国的一年，我接触了韩国的宗族文化，通过比较，反观祖国宗族问题，加深了对于传统文化的认识。

2001年10月1日，我参加了韩国朋友曹永宪家的祭祖仪式。原计划祭祀先人在祖坟进行，由于下雨，改在他大伯父的家中。他父亲辈兄弟四人，大伯父是长子。其祭祀仪式：首先取出祖先的木制牌位，上面竖排写着两行字"显考学生府君神位、显妣孺人全州柳氏神位"。可见是家人祭祀亡故的父母，属于家祭。接着在牌位前准备供品，主要是水果。该家族兄弟四人按照年龄依次跪在祭桌前祭祀。然后是长子念祭文。这时家族的男性成员均在里屋跪着，女性成员则跪于外屋。接着是子侄辈代表向祖先报告家族近况，其中谈到家里有一个人到美国留学近况很好。下面是大家默祷。这个家庭的长子曾经作为优秀老年人被金大中总统接见，家中墙壁上挂着接见时的照片。家里还挂着家训"敬老孝亲"。我感到这是一个讲究礼仪、和睦相处的家族。该家族修有《昌宁曹氏进士公派横城宗中世谱》，谱中记载曹永宪先生是昌宁曹氏始祖的第二十七世孙，距进士公派横城宗中入乡祖十世。我还得知，曹家设立"昌宁曹氏进士公派横城宗中祭礼坛"于本中祖先墓地。而昌宁曹氏始祖曹继龙墓，在庆北庆州郡安康邑紫玉山翠堤里，建于朝鲜纯祖十七年。始祖墓旁建有祭祖的斋室种德斋，种德斋是一所拥有七八间房屋的院落，被韩国文化观光部指定为第138号"文化财"，属于国家的文化遗产。

　　有意思的是从小接受家族文化的曹永宪先生信仰基督教。在韩国，信仰基督教的人很多，尤其是知识分子。同时民众最普及的信仰则是佛教，儒教占据最正统的地位。多元信仰并存，但是不妨碍祭祖敬宗的宗族文化。可以说宗族文化成为韩国民族文化之根。

我在韩国感受颇深的还有李氏朝鲜后裔祭祀太庙和成均馆的祭孔大典，前者为国脉所系，后者是韩国传统文化的依据。祭祀太庙时，按照古礼仍由宗子主祭，行朱熹主张的三献礼，各地宗人和其他宗族赶到首都参加，参拜人员穿着民族服装并有各种仪仗，色彩鲜艳，赏心悦目，是一次民族文化的展演。祭孔大典庄严肃穆，身穿粉红色衣服姑娘表演的八佾舞引人注目，执行礼仪的人穿着李朝时的服饰，各种礼仪规矩繁复，相传已久。据说前些年中国山东曲阜恢复祭孔大典，还请韩国成均馆指导祭祀礼仪了。当我向一位韩国朋友称赞韩国保留了大量儒家礼仪时，他笑着对我说："这就是礼失而求诸野"。

　　儒家文化深入影响朝鲜时代五百年，流风遗绪至今。我参观过韩国安东地区的一所礼仪学校，所教礼仪与宋儒的主张无根本区别，学校的墙上挂着外国领导人访问该校时与学生的合影，学校对此很自豪，他们要向外国展示的是礼仪之邦的形象。我还参观过首尔附近的一所乡校，在李朝，乡校是普及教育宣传儒教的地方，参观的一行人中，带队的年老教授向乡校的孔子与先贤牌位下跪祭拜。至于走进韩国的书院，不仅能看到古老的建筑，还可以见到身着传统服饰的学者讨论开会，仿佛进入朝鲜时代。在前面提到的参观宗庙祭祀时，我竟然看到有的宗族以乡约的名义赴会，乡约保留至今，还和宗族结合在一起。

　　汉代郑玄从儒学大师马融学成归去时，马融曾说："郑玄今去，吾道东矣！"把郑玄视为布道者。宋代福建人杨时师从中原的大儒程颢，及归，程颢谓："吾道南矣。"日后人们称杨时传授的福建理学为道南学派。这两则故事表达的儒学传统一脉相传。比之今日的中韩两国儒家传统，如果孔子、朱熹在世，他们一定会说："吾道东矣!"自古朝鲜自称东国，如今韩国成了名副其实的"道东学派"。

韩国已经是现代化的国家，又保留了传统的儒家文化，特别是宗族文化，他们以文化民族、文化国民自居。东传儒学与宗族文化的中国，正急速实现现代化，韩国现代化与传统文化结合之下的宗族文化会给我们什么启示呢?

这里想引用陶渊明《归去来辞》中的语句作为结尾：归去来兮! 悟已往之不谏，知来者之可追；实迷途其未远，觉今是而昨非。

2006年10月4日于津门

（原载《海路、移民、遗民社会——以明清之际中朝交往为中心》，天津古籍出版社，2007年）

学术杂笔

卓尔不群的品格

——写于黄现璠先生《中国历史没有奴隶社会——兼论世界古代奴及其社会形态》出版之际

著名历史学家、民族学家黄现璠（原名甘锦英）先生的遗作《中国历史没有奴隶社会——兼论世界古代奴及其社会形态》就要正式出版了，黄先生的哲嗣甘文杰先生嘱我作序。身为后辈小子岂敢为学术大家作序，只是值此佳期重温先哲成就，谈些感想，自我砥砺，以为庆祝而已。

20世纪中国历史学中，社会形态的研究影响深远。在关于奴隶社会的探讨中，有所谓"无奴派五家"之说，即黄现璠、胡钟达、张广志、沈长云、晁福林五位学者均认为中国历史无奴隶社会。黄先生作为最先提出此说、研究中国社会史时间最长、思考该问题最久的学者，他的研究成果十分重要，值得学术界高度关注。其实，目前的中国历史学界，社会形态研究已是明日黄花，人们对于有无奴隶社会的兴趣锐减，出版此著的黄先生就在绪论最后也表示愿与学界"以共同写就始于五十年前那场轰轰烈烈的'社会史大论战'在中国史坛持续不停又影响至今而现在应该终结的篇章"。黄先生晚年倡导的则是构建"中国生活学",意在开拓史学理论的新境。(黄现璠遗稿甘文杰整理《试论"中国生活学"的构建》,载《广西社会科学》2007年第3期)

　　黄先生的大作或许就是"无奴派"终结的篇章,该书闪耀着作者追求真理、实事求是的治学精神。早在20世纪30年代,黄现璠先生就出版了《唐代社会概略》《宋代太学生救国运动》等社会史专著,声名鹊起。受到师友陶希圣和郭沫若先生的学术观点影响,黄先生于1949年之前长期持有中国古史"存在奴隶社会发展阶段说"。1949年后,通过深入研究历史唯物主义,他开始对郭沫若一贯主张的中国历史存在"奴隶社会发展阶段说"产生了怀疑,特别是阅读郭著《奴隶制时代》后更是疑问重重,早在1955年就撰文《我国古史分期应该重新估定》,又于1974年、1976年、1977年、1978年不断修改,终于在1979年题名径改《我国民族历史没有奴隶社会的探讨》发表,时年黄先生80高龄,可谓老当益壮。又于1981年写成本书,作为教材印行。他这种坚持自己对于历史唯物主义与马克思主义社会形态理论的理解,不惜改变看法,勇于挑战权威的独立思考的学术精神,令人钦佩,值得学习。

　　作为"无奴派"的创始者,黄先生的研究有着自己的特色。《我国民族历史没有奴隶社会的探讨》一文,主要是基于对马克思有关奴隶社会理论的正本清源工作,作者提出了自己的看法,如:"亚细亚生产方式,是一个社会经济范畴的名词,不是历史时代排列固定先后的用语。"不是指原始社会,而是一种生产方式的经济范畴。但是研究先秦社会还需要强大的文字与文献的解读能力，解释各种不同称谓者的身份，本书则是进行历史学实证研究与新方法结合的力作。黄先生曾在京师求学九年，受教于陈垣、钱玄同等名师，又留学日本，导师为东洋史学大家和田清、加藤繁，他掌握中国训诂学，解读传统文献的能力突出。难能可贵的是，黄先生尝试从历史语义学、文化语义学解释中国古代词语，揭示古文字所包含的古代文化和社会生活信息。不仅如此，他还从世界史的视角对外文"奴"词及其"奴隶"等系列词汇和相关概念进行考察，并就这些词汇概念衍化出的制度和社会形态展开共时性和历时性的动态研究。这是一本使用多重研究法写成的学术专著，是史无定法的有益实践。该书视野开阔、方法新颖、实证严密，是作者深厚学术素养的体现，具有很高的学术水准。

作为"中国社会史大论战"的亲历者、治史五十年的老学者，黄先生对古史分期与社会形态讨论的历史余响提出看法。这表达了一代史学大家对于历史教育的殷殷寄语，阅读黄先生的大作，我们不但获得中外社会历史大量知识，还将获得历史研究与历史教育的学术动力，促进思考究竟何为历史之学。

2014年中秋节前于津门

（原载《中国历史没有奴隶社会——兼论世界古代奴及其社会形态》，广西师范大学出版社，2015年）

刘尊志《物宜人和：考古学视角下的秦汉家庭》序

  刘尊志教授的新著《物宜人和：考古学视角下的秦汉家庭》即将问世，邀我为序。由于工作的原因，我对尊志本书的研究过程比较了解，加之关注家庭史研究，虽然我不懂考古学，还是勉为其难，谈谈本书的一些背景，并将阅读书稿的体会与读者分享。

  南开大学中国社会史研究中心作为教育部普通高等学校人文社会科学重点研究基地，以承担重大研究课题为首务。尊志教授的本书即是中心重大项目"秦汉魏晋南北朝时期家庭与日常生活的考古学观察"调整后的最终成果。该书的出版为该中心的重点研究方向家庭史、日常生活史研究再添佳作，可喜可贺！

  尊志以个人之力，按时完成项目，呈现给读者煌煌三册巨著，其付出的心血与辛劳也是巨大的。之所以能做到这一点，与他深厚的研究基础是不可分的。十年前，他就出版了独著《徐州汉墓与汉代社会研究》《汉代诸侯王墓研究》，去年又有独著《汉代墓外设施研究——以王侯墓葬与中小型墓葬为参考》问世，他还在《考古》《考古学报》《文物》等权威刊物发表多篇论文，已是著名的中年秦汉考古学家。近年来，他将研究方向聚焦于家庭史，由博返约，调整思路，从考古学的视角考察秦汉家庭，不仅有别于以往依据文献的秦汉家庭研究，而且这样的专门研究在考古学界也是罕见的。为了完成好项目，尊志邀请国内相关专家举行了专门的学术研讨会，并于会后主编出版了《考古学视角下的秦汉家庭与日常生活学术研讨会论文集》，作为中期成果。有了充分的准备工作，从而确保项目的最终完成。

我怀着先睹为快的心情，阅读了书稿，给我印象深刻的有以下三点：

首先，这是一部从物与人关系入手的家庭史。作者在绪论中提出，家庭应具备两个基本要素：一是人，即组成人员，人员之间具有婚姻关系、血缘关系，甚至有的还会有收养关系，在一定时期还有一些具有附属性质的服务人员；二是与人群单位有关的物质内容，即家与庭的结合及诸多的延伸内容。一定的物质内容恰恰是家庭形成和稳定发展的基础。"家庭作为人群单位，是人与物有机结合的整体，而家庭又是所包含成员生活的依靠、保障及所拥有物质内容存在、发展的基础和场所"。这种对于家庭的认识可以说是别出心裁。虽然本书是针对秦汉时期家庭所开展的考古学研究，但是透物见人、透物见事，呈现出秦汉家庭的新貌。如作者认为夫妻合葬体现出秦汉家庭构成的基本内容，而同穴合葬尤其是同室合葬，不仅实现夫妻生前同室、死后同穴的要求和愿望，还可节省墓地空间，推动了多人葬墓的发展。横穴墓葬的使用和普及是秦汉墓葬形制日趋第宅化的集中体现，他认为，很有可能是这一时期家庭中夫妻关系的发展及夫妻去世后同穴合葬墓的需求推动了横穴墓葬的发展和推广普及。其实，在视死如生的秦汉时期，墓葬在很大程度上就是在模拟家庭生活，借助墓葬考古还原当时的家庭是很恰当的做法。

其次，这是一部活化家庭社会学、社会史理论方法的家庭史。研究家庭史，最直接的理论借鉴无疑是社会学有关家庭的论述，本书论述的家庭结构与功能就借鉴了家庭社会学，家庭关系的框架是社会学的。家庭规模方面的小家庭与大家庭，核心家庭、主干家庭与联合家庭，分居家庭与同居家庭等分类与论述，概念工具就是社会学的。不过作者也是学历史出身，历史学强调的职业特色、等级身份分析始终贯彻全书。依据职业属性将秦汉时期的家庭分为政治人员、商人、农民、手工业者及伎乐、医者、教育人员、巫祝与宗教人员、助丧人员家庭等多种类型。注重等级差异，分为皇室、王室、侯家及高级贵族官吏家庭、中下层官吏、豪强地主和大商人家庭、低级官吏、中小地主、小商人及富庶的平民家庭、普通平民百姓家庭、依附农与奴仆家庭等不同层次。书中的社会分析带有浓重的社会史色彩。

最后，这是一部家庭生活史。家庭离不开生活，家庭是物质消费单位，家庭消费既包括衣、食、住、行的物质消费，也包括卫生、医疗、保健、文化和娱乐活动，还有生产、保障、交往、教育、思想信仰等，具有日常性与重复性。家庭生活是日常中的生活与各种活动，尊志认为可将家庭的诸多生活称为家庭日常生活。秦汉考古资料所反映家庭日常生活的内容丰富而多样，对全面认识秦汉家庭的内容、内涵有重要作用，这也是本书论述的重点。尊志指出，在汉代事死如事生思想支配下，陪葬品日趋生活化。书中对于丝绸之路背景下汉代家庭日常生活内容的考察，更将家庭生活与汉朝的中外交流、社会经济变迁相结合，给人留下较为深刻的印象。而作者对于属于日常观念的秦汉信仰世界的论述，借助墓葬考古得以充分揭示，如探讨神鬼观念，从鬼魂世界、鬼犹求食、祭祀飨鬼、服务鬼魂、驱魔打鬼、墓葬破坏六个方面论证，令人信服。

总之，本书呈现出秦汉家庭的构成、分类、内部关系、家庭保障、物质内容、对外交往、思想信仰等多个方面的内容，充分体现了家国一体的秦汉家庭本质与时人的家国情怀，这是一部别开生面的秦汉家庭史！

本书作为南开大学中国社会史研究中心标志性成果之一，贡献给学术界！为此我也感谢尊志教授的辛勤劳动！

是为序。

2022年6月16日

（原载《物宜人和：考古学视角下的秦汉家庭》，科学出版社，2023年）

气度、氛围以及学术实力

——读周积明、宋德金主编《中国社会史论》

周积明、宋德金两位先生主编的《中国社会史论》由湖北教育出版社于2000年年底出版，这部120余万字的大书，凝结了中国社会史学界众多学者的心血，是本领域极其重要的学术成果之一，值得庆贺！

两位主编在《中国社会史论》总序中说，该书"不仅集中了近20年中国社会史的前沿性思考，而且集结了中国社会史学界的精粹力量，充分展示了中国社会史学界的气度、氛围以及学术实力"。我认为此话是实事求是的，想就此略作引申。中国社会史研究作为改革开放后历史

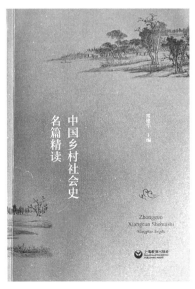

《中国乡村社会史名篇精读》封面

研究中最充满活力的领域，在我国历史研究的革新中发挥了重大作用。一批勤于思考、勇于探索、埋头苦干的学者以追求真理为己任，筚路蓝缕，首先在历史理论方面提出了一系列的新认识，他们确实气度不凡。《中国社会史论》第一编《社会史的理论和方法》载有赵世瑜、乔志强、冯尔康、刘志琴、王先明、常建华（依书中编排先后为序）等人的六篇长文，基本上反映了我国目前社会史理论的代表性看法，这些学者的学术观点并不相同，甚至对立，但都能尊重对方，互相交换意见，学者之间对待批评也能够宽容接受，表现出应有的大度。自1986年以来，中国社会史学术研讨会每两年举行一次，一直保持百花齐放、百家争鸣的良好学术氛围。有容乃大，如果没有学术批评，学术难以发展，理论难以创新。中国社会史学界良好的学术氛围，使学术民主得以充分发扬。第一编兼容并包、诸说并存，具有学术活力。赵世瑜先生的开篇之作开宗明义，竟是"关于社会史概念的一些疑问"，最能体现出中国社会史学者的探索精神。我记得有位外国学者说过，一个学科如果定于一尊，就意味着这个学科的死亡。如此看来，中国社会史研究正生机勃勃。该书的其余三编论述中国社会史的基本问题、阶段性问题、区域社会史的个案研究，集中了所探讨领域的专家，论述具有深度，颇有些《剑桥中国史》的形式。如第二编中唐力行教授所论中国传统社会商人，第三编中谢维扬教授所论周代的血缘关系与家庭形态，第四编中陈春声、郑振满两教授分别对闽粤社区的探讨都是他们多年的研究成果，且很有新意。他们和其他作者向我们展现了中国社会史研究的实力。不仅如此，我想更重要的是这一批有学术实力的学者，今后还会推出他们的扛鼎之作来，中国社会史研究前景光明。话又说回来，提倡作为历史研究范式的社会史，对中国社会史学者的知识结构、历史意识也提出了更高的要求，可谓任重而道远。以本书来说，各编的列目也还有可斟酌之处，写作体例不尽一致，有些篇目似嫌薄弱，这些都属于美中不足吧。

（原载《社会史研究通讯》2001 年第 4 期）

张笑川主编《中国社会史导论》序

　　张笑川教授主编的《中国社会史导论》成稿，索序于我，他的学术研究涉足城市、地域、生活等社会史领域，多年开设社会史课程，今新编教科书，这正是我想要读的，因而慨然应允。我想既可读新书，又可将读后感与读者分享，或许对同学使用该书有所帮助，何乐而不为呢？

　　我觉得所谓导论，就是要将读者引入一个学术领域，应当是对于该领域基本面貌有提纲挈领的概述，应当对基本问题有较深入的介绍，引导读者产生兴趣，萌发进一步深入某学术问题的愿望。笑川教授主编的《中国社会史导论》也正是从这两方面着手的，该书十卷，前五卷为上编，总论社会史的概念、特征与追求，中国

《中国城市社会史名篇精读》封面

社会史的发展历程和趋势，社会史与人类学、地理环境的关系，中国社会演变诸阶段；后五卷是下编，分论宋代以降的赋役制度与基层社会，宋代儿童观念与童蒙教育，明清江南市镇的空间形塑与城乡关系的转变，明清时期的医疗与社会，民俗变迁与近代社会转型。上下编均重视理论思维，博采众长，形成自家特色。

社会史的概念有狭义、广义之分，或作为专门史与整体史，本书准确把握国内外的相关论述，并归纳出社会史研究的特点：从国家的历史到人的历史，整体史的理念，跨学科的视野，开放性与包容性。本书强调了20世纪90年代中国社会史研究的成长和壮大，指出进入21世纪社会生活史逐渐向日常生活史发展，区域社会史发展为历史人类学，新一代学者的社会史研究则向社会文化史寻求突破，指出结构史和生活史可以看作是社会史的两极，整合这两者的研究，以保持社会史的统一性，避免分裂和碎片化。特别提供了德国社会史学家于尔根·科卡的思考作为借鉴，对于入门的同学来说，我认为是精准的引导，使同学不会迷失于微观与宏观孰是孰非的争论之中。

近年来，中国社会史学界与地理学、人类学的交叉渗透较为突出。社会史产生一定的人类学转向，朱小田教授指出，受人类学的影响，生活空间、普通民众和日常事件成为社会史学者普遍关注的新维度。他探讨了历史人类学的基本问题，确定历史人类学转向中的史学方位，以助力社会史跨学科、跨国界的学术交流。讨论到如何避免碎片化，处理好社会文化史与社会结构史的关系。关于社会史与地理学的关系，笑川教授阐述了地理环境对中国社会历史的影响，中国历史中的地理变化，综合性地介绍了海内外相关学术理论，有助于打开同学的研究视野。

中国社会的阶段性演变问题其实是社会史的重头戏，以往讨论很多，出新不易。笑川教授广泛综合海内外诸家学说，提出中国社会的演进历程可以分为四大阶段，即夏商周时期的"封建贵族社会"、秦汉至隋唐五代时期的"帝国士族社会"、宋元明清时期的"帝国四民社会"和民国以来的"近代工业社会"。每一个社会阶段的区分标准主要依据政治形式和社会结构两个要素，从经济基础、政治形式、思想文化和社会秩序四个方面分析每个社会阶段，其视野宏阔而又不失归宿。

作者对中国社会演变诸阶段的论述包含了自身的深入思考，新见迭出。如论述"封建贵族社会"，既吸收了传统经典研究的精华，如王国维《殷周制度论》，更吸收了海内外最新的研究成果，国外如罗泰《宗子维城：从考古材料的角度看公元前1000至前250年的中国社会》，国内如宋镇豪《夏商社会生活史》，作者借用了一些重要概念，如杨希枚提出的"姓族"、何怀宏提出的"世袭社会"。特别是他提出了这样重要的观点："张光直在《中国青铜时代》一书有关中国文明和国家起源的研究中，提出了宗族分支是中国文明早期社会与经济分层的一种表现和手段。如果以此为基础推衍，则似乎可以认为中国在国家形成过程中宗族的延续，其实是中国国家形成的一种途径。很有可能正是国家形成的需要，使宗族强化并发展。因此，宗族不是氏族社会的残余，而是新的国家社会的必要结构。比如，吉本道雅通过对先秦时期王朝和诸侯国'国制'的考察，指出一直被视为'氏族制'遗存的'族'的结合并非仅仅是所谓'遗存'而已，更是在各时代的历史条件下再生产的产物……张光直用'连续的文明'的概念来概括中国文明的起源，钱穆也用没有转韵的诗来概括中国文明的连续性。宗族的长期存在，表现了中国文明的连续性，但不是停滞性。在中国，很多旧的东西一直存在，但是它的内涵一直在变。而且可能正是这些旧的东西的复兴，体现了新的时代精神。"这一看法是发人深省的。

再看"帝国士族社会"。帝国体制离不开讨论"编户齐民"，作者吸收了较早的杜正胜《"编户齐民论"的剖析》的研究，也注意到刘敏在《秦汉编户民问题研究——以与吏民、爵制、皇权关系为重点》中新的探讨。刘敏指出，"编户齐民"并非如杜正胜所说"习见于汉人的著作"，在先秦时期的文献中基本不见"编户齐民"的合称，能够看到的仅仅是"齐民"。作者也注意到美国学者姜士彬在《中古中国的寡头政治》中的观点，六朝至隋唐时期的"族"，是氏族，不是宗族，"是模糊不清但又强烈的认同意识，即他们是一个氏族，这种意识就蕴含在氏族的谱牒之中。较之后世大型的、组织有序的宗族所具备的条件而言，中古时期氏族存在的唯一要素就是谱牒"。该书也介绍了牟发松教授在《汉唐历史变迁中的社会与国家》中提出的"社会的国家化"概念，即指国家统合、主导社会资源乃至全面干预社会生活的过程，在这个过程中，社会与国家的区别意识不明显，二者常常混融为一。

"帝国四民社会"作为宋元明清时期的社会形态,对社会结构的基本形态——职业结构展开论述,我觉得比较稳妥。这一部分论述"专制"的国家与"自治"的社会尤其值得关注,其中论述了赋税制度的变革及其影响、国家与社会的一体化、精英阶层的地方转向、清代皇权的多面性,都是近年来大家比较感兴趣的问题。而提到的费孝通先生在《乡土重建》中描述过的吏役、乡约地保、乡绅群体三个系统之间的关系,由此将中国社会的权力运作过程称为"双轨政治":由自上而下的皇权和自下而上的绅权所构成。仍然值得继续深入探讨。

　　"近代工业社会"采用了新的历史划分。中国近代史的开端通常设定为1840年,这种看法是基于对外力冲击的重视,本书中作者则将中国近代史的开端提前到1800年左右。

1800—1949年的历史分为四个阶段:第一阶段,1800—1864年,19世纪开始,清朝进入了民间起义的频发期并以太平天国起义为其顶点,显示出清朝的衰败和没落;第二阶段,1865—1911年,19世纪60年代中期国内的起义被平定,随着外国侵略的加深,发展和革新成为主线,从洋务运动、戊戌变法一直到"新政",改革和发展一直在深化;第三阶段,1912—1930年,1931年日本占领东北,中国共产党建立中央苏区政府,中国进入内外战争时期;第四阶段,1931—1949年,社会进一步重组和整合,至1949年中华人民共和国的建立,中国既维持了民族的独立又实现了国家的统一,标志着社会转型的初步完成。

　　下编的分论作者都学有专攻,学术特色鲜明。宋代以降的赋役制度与基层社会部分展示出社会经济史的特色，指出各地在一条鞭法实施的过程中，相关基层行政组织发生的变化，揭示明后期以来里甲制的运行实态，里甲与保甲的关系，且与各地复杂多样的聚落分布形态及社会结合方式的多样化选择密切相关，并且不把清代地方政府的编审活动局限在人丁编审方面，不将人丁编审的取消视作里甲组织功能完结的标志，进而探讨清代基层行政组织形成多方面的原因，重视对乡地组织形成的深入探讨。

社会结构应当将人口年龄与性别结构包括进来，因为自然的人口结构也蕴含着社会性。就年龄结构来说，儿童、青少年、壮年、老年各种群体也是应当考虑的，本书为儿童专列一章，显示出社会文化史的学术特色。作者辨析了儿童史专家熊秉真提出的"幼教文化两大路线"，在知识社会史视野下观察蒙书的出现和兴盛，认为皆出于历代社会需求的驱动，并选择从功能视角，将宋代蒙书分为识字、科考、伦理、专门四大类型。这些都具有新意。

明清江南市镇的空间形塑与城乡关系的转变，具有社会经济史与地理学结合的特色。这一部分不仅考虑空间层面，还涉及人群的流动和制度问题。作者反思原有市镇研究范式，根据自身的研究心得，探索市镇空间形塑机制的路径，特别以南翔镇为例，探讨"因寺成镇"问题，给人以启示。

明清时期的医疗与社会，展示的是社会史与医学的跨学科探讨。作者梳理了近百年明清医疗史研究概况，力图在国际医疗史研究的脉络中审思其历程、特征、意义与趋向，打通学科壁垒，以跨学科的视野和理念发现、思考和解决问题。作者具体研究了医病关系这一颇具活力和挖掘意义的医史议题，呈现了明清普通民众日常应对疾病、择医延医的样貌。

民俗变迁与近代社会转型，将日常生活的变动与历史变迁结合，从社会史与人类学的视角给予说明。作者首先将民俗作为认识中国社会的方法与视角，从四个方面高屋建瓴地提出：民俗是社会认同的纽带、社会结构的镜像、社会重组的资源、人类社会的完整而深度叙事。作者还论述了全球化与近代民俗变迁，涉及饮茶习惯的"洋场化"与物质文化、致意礼的近代转型与身体语言，提出近代民俗变迁中全球化与民族主义的冲突与纠缠问题。最后以国民政府的婚俗改良和相见礼规训为例，探查这一时期民俗改良的社会启蒙意义及其收效。

如上所述，该书从理论到实践反映了海内外中国社会史研究的丰富信息，表达了作者对于中国社会史深入思考后的见解，这些社会史学者取精用宏，不仅授人以鱼，而且授人以渔，注意从方法论上引导读者进入社会史的学术领域。鉴于导论的性质，我也介绍该书的巧思与亮点，权作《中国社会史导论》之"导论"。

一隅之见，遗漏或多。还是请读者开卷阅览吧。

2020年2月20日于津门

（原载《中国社会史导论》，上海教育出版社，2020年）

主动误解的产物：将军门神

——读《将军门神起源研究——论误解与成形》

北京大学出版社"青年学者文库"出版了《将军门神起源研究——论误解与成形》（1998年11月）一书。据书中介绍可知，作者朱青生于1982—1985年在中央美术学院美术史系读研究生，师从邵大箴进行旧石器时代艺术的研究，其间随年画、门神研究专家薄松年听有关民间艺术的课，并参加中央美术学院有关民俗和民间宗教的沙龙。其发表的《欧亚石器时代的美术》（1987）、《旧石器时代模仿造型产生的契机》（1989）反映了作者研究石器时代艺术史的成果。后留学德国海德堡大学美术史研究所研习哲学和现代艺术，而本书则是他1995年完成的博士论文略加修订的中文本。开篇就介绍作者，是为了了解其学术背景，进而把握该书的学术特色和作者的学术追求。

门神的研究不仅是针对一个文化的，而且是针对人类知识的。本书的宗旨是要证实这样一个观点：一个文化现象的产生有时是在诸种相关功能的共同作用下，由人的误解和改窜而形成的。这种对文化哲学的追求，通过将军门神起源研究付诸实际。全书共三章，除首章的导论外，主体为余下的两章。在第二章中作者把有关将军门神的诸种因素归结成符箓、神衹、装饰、记载四个功能类型，并分别研究其性质。第三章则根据历史时期的顺序，综合考察各个功能类型的实际存在状况及其发生、发展、演变、误解、串型、混杂和成形的情况。作者得出结论：将军门神是中国历史上各种误解前代对于门区与门区的实际和心理需要的形相物的结果。由各式不同功能的形象串联、综合、混用而形成。支撑这一结论的是该书中提出的13个论据：

1. 把禳除巫术释菜与门神崇拜相连是主动误解的结果。将释菜和礼门神合为一体，是郑玄统一古文经学和今文经学后，用这种汉末的混合理论分别主动误解释菜和门神，在二者的误解中，释菜与门神在阴阳关系上联系起来。这种误解并不是郑玄独自的发明，对照《后汉书·礼仪志》的记录，这种误解与汉代官方重新解释和构建礼仪的方向一致。这种主动误解是后代人用当时的理论解释以前的事物而产生的。

2. 禳除巫术傩的组织者从方相氏到将军的转化是各代重复误解方相氏的结果。禳除活动——傩的组织者"方相氏"，在不同时代不断被主动误解。首先在汉代把固定职官误解成举行活动时的职称，其次在唐代将职称误解为表演角色，再其次在宋代从角色的内容出发将角色名称从方相氏误解为将军。就是说，国家之傩的组织者的性质（固定职官）未变，但每一代都有自己委任的特别职官，而对前代的职官方相氏则根据误解的系统来安排他的存在，直至取消。这种主动误解是根据每一朝代的政治制度中职官系统的变化而发

125

生的。

3. 定时的傩的时间在不同的朝代根据这个朝代在五行中的位置而不断有意改变，逐步确定为旧新年之交。这种主动误解是根据朝代对自己正统位置的解释需要和皇族对本族的命运的信仰而做出的。

4. 在时间上国家的傩和非国家的傩（乡傩）交错影响，因为后代国家的傩将前代国傩、乡傩作为参考对象，而造成误解。乡傩，尤其是现代的跳神、萨满等巫术遗存情况，都是在当地当时条件下模仿国家的傩的结果。这种主动误解是根据客观的现实条件和巫术活动的主导目的之变更而制造的。

5. 各个朝代的典章制度并不是完全根据前朝的制度，而是在以前各朝的文献中选择、组合形成一种混合物。这个工作常由本朝的国家御用知识分子决定，他个人的兴趣、学识对此种选择的影响常不可考，但纵观记录下来的典章，这种有意的选取组合的事件每次都或多或少的发生。这种主动误解是组合排列前代典章制度时形成的。

6. 民间习俗来源于对古代文献所记录的礼俗的不求甚解和曲解。其间，统治者认为有益于国计民生，则不加辩证，使习俗通行。主动误解可能是民间的误解和上下约定俗成的曲解过程。

7. 前代的误解可能成为后代的根据，后代会把前代的错误收入仪典，并加以执行。主动误解出现在对已有误解的确认和接受的过程中。

8. 梁代民间傩模仿宫廷方式（击鼓，戴面具），但自由地采取了当时流行的形相。而同时期的国傩却保留了方相氏（同汉代），这种自下而上的主动误解是民间的仪典不正规造成的。不正规给民间提供了比宫廷大的自由，为了达到驱逐的目的而改变活动的举行方式，加入当时新鲜的角色，对文化现象的改变起了积极的作用。

9. 桃梗被解释成木偶人是以偏概全的误解，因为这个解释出现于经典，人们甚至会忽视日常使用的含义，而把特别的含义作为此概念的基本内涵。这是人们对日常事物和经典的关注差异造成的主动误解。

10. 将桃木与羿联络起来是一个多重误解的结果。其中包括古代文献传抄过程中的字误，古今音和假借造成的理解分歧错误，以及一些学者在综合串讲包含各种误解混杂材料时，加入自己的解释从而造成的主动误解。

11. 在同一时期的同一文化现象，也因为不同的理解而出现不同的现象，而这些主动误解都在传承的过程中被后人接受。接受者的进一步理解又造成新的规范，为后代继承使用，对其渊源，则不再追究。

12. 所谓门神的出现是对郑玄时期将傩等巫术首先解释成阴阳，又解释成鬼神，再与其他的鬼神故事等所述及的神祇系统附会而成，误解得之于解释和附会的混用。

13. 许多吉祥的象征物都是因为语言相同而被主动误解成某种含义。这种肤浅的（相当于错别字）训解，包含着深刻的心理因素。一旦成为习俗，又在历史上起作用。这种主动误解是人们趋向幸福的愿望在日常器物上的投射而形成的。

以上论据十分重要，不仅是作者得出结论的基础，而且对诸多中国民俗事项提出了全新的解释，我想研究中国民俗史的学者会程度不同地从该书中获益。书中关于具体问题的研究新意迭出，例如与门神关系密切的神荼、郁垒，经作者考证后得出新的观点：荼源于夏代挂在门上的植物类器物，这个传统到汉代分化为艾和苇茭，并做成人形挂在门上作为门符；郁垒是殷代挂在门上的螺壳类器物，这个传统被汉代继承变成一种螺壳形门符。以上两种渊源久远的门上挂设在神话中分别拟人化为守鬼（防鬼）者神荼、郁垒。

关于"主动误解"的理论，是作者采用和综合了数位西方理论家的学说而运用于将军门神的研究，但是13个论据的提出和全书的论证，则依据作者扎实的考古学、文献学、音韵学等学科的知识，采取实证的方法得出。该书考证精细，分析透彻，表现出将社会科学和传统国学很好结合在一起的研究风格。

严谨的学风、规范的著述是该书留给我们的又一深刻印象。作者优良的学术训练很好地体现在导论里，他详细论述了选题、方法、现有研究综述、研究目的及价值估计。在"选题"中谈了选题解释、选题所用资料、选题回避部分；在"方法"中介绍了清理问题的思路、形成结构的手段、取用材料的方法、技术处理的办法。仅就"技术处理的办法"而言，作者就列出六种注释方法：考据、集注、校勘、解释、相关、引证。导论对该书的交代清清楚楚，为其在学术史上做了恰如其分的定位。近年来，国内就"学术规范"的讨论可谓多矣，然而真正"规范"的学术著作并不是很多，除了不少人主观努力不够和学术训练不足外，"没见过世面"也是原因之一，我认为朱青生的这部专著可以作为"学术规范"的样本，值得大家效法。

（原载《民俗研究》2000年第4期）

川胜守《明清江南市镇社会史研究——空间和社会形成的历史学》介评

　　20世纪80年代以来，日本明清史学界流行地域社会的研究，大正大学文学部教授、九州大学名誉教授川胜守就是这一领域的重要研究者。1999年8月，汲古书院出版了他的新著《明清江南市镇社会史研究——空间和社会形成的历史学》，诚如该书副标题"空间和社会形成的历史学"所揭示出的作者史观，这是一部地域社会史。作者在前言的结尾处写道：以往一般的研究里，"在中国普通人是怎样生活的？怎样创造了任何的社会？顺便说，人们如何创造历史？等等，完全看不到。……80年代以降，上叙的森正夫教授提倡'地域社会论'，其主意应该得到全面的赞同。本书的所谓空间抽象概念，实际上与森教授的地域社会密切关联。但是，森教授与著者之间在理解等方面有小的差异"。换言之，川胜守教授将向我们描绘一幅江南市镇普通民众的生活图景。

　　该书实际上是一部既有旧作又有新篇的专题论文集，共分12章。序章《中国近世都市社会史的问题点》回顾和展望了中国都市研究。第一章《中国地方行政下的县和镇》，作者从县均户口数论述了秦汉以来行政规模，从县等数、乡数、镇数讨论了宋代的行政规模，从行政和民间组织探讨了清代行政规模，指出宋以后县的数目没有增加，地方行政也未因州县的大小而加以适当的调整。作者认为市镇是接受县城行政工作、根据地方居民独立奉献活动所支持而存在的地方自治体。第二章《长江三角洲市镇的发展和水利》，下分市镇的发展、明代商业水路和市镇的形成两节，指出江南市镇经济的发展，宋元时期是萌芽期，明代嘉靖朝以后则是成熟期。第三章《长江三角洲石造虹桥建造和市镇的形成——从交通经济史所见的城市社会史》，该章分为水上交通和陆上交通、石造虹桥建造和市镇的形成、石造虹桥建造和市镇空间的扩大三节，着重于湖州府乌程县南浔镇的考察。第四章《明清时代商品生产的展开和江南市镇的形成》，下分明太祖和江南市镇、明清商品生产的展开和江南市镇的形成、江南地域市场的形成和市镇经济的发展三节，认为棉织和丝织业的生产与流通都极具竞争性。第五章《市镇的思想——关于江南市镇的同乡会馆资料》从苏州府吴江县盛泽镇的碑刻资料，探讨了金陵、江宁、南京商人的三义殿，山东济宁州商人的金龙四大王庙，安徽徽州府、宁国府商人的徽宁会馆。第六章《江南市镇的生产、流通、消费的历史位置——手工业生产和无赖、棍徒、脚夫》，下分江南市镇手工业的生产和流通，以及江南市镇的无赖、棍徒、脚夫两节，探求江南市镇都市化现象与所在问题。第七章《江南市镇人的信仰和市镇的四季、年间惯例仪式》，依三个商品经济区域讨论了信仰发生的原因、病老葬祭礼俗的进行，以及信仰活动与商品生产流通的关系。第八章《明清以来江南市镇的公共墓地、义冢——以上海附近市镇志的义冢为中心》分三节探讨了丧葬仪礼、义冢和漏泽园、共同墓地和义冢的社会文化史。第九章《明代镇市的水栅和巡检司制度》分四节论述了镇市和水栅、水栅和巡检司、明末清初水栅再建和巡检司的再编成、明末清初水栅管理和江南市镇的形成，指出一些市镇居民产生了共同防卫意识并自主管理。第十章《清初庄氏史祸事件和南浔镇社会》，下分庄氏史祸事件的史料和史实、南浔商人庄氏、朱氏，以及明末清初的南浔镇社会三节，是中央政治权力对市镇社会政治压迫的个案研究。第十一章《明清时代江南市镇志人物传的人们和市镇文化》，分三节论述了外冈镇志、乌青镇志、南浔镇志的人物志，了解市镇居民与区域社会的关系。第十二章《明清时代江南市镇的都市性和共同性》，揭示了都市社会的特质。

概言之，本书考察了中国明清时期江南市镇的发展过程、社会构造及其都市社会的历史性问题。作者认为：明清时期的中国都市发展，是经由市镇居民进行的许多斗争而形成市镇社会，在国家行政与商人、劳动者等各阶层的不断斗争及紧张关系中，市镇才得以发展起来。这是他对中国都市发展史上明清时期的都市特别是江南市镇的历史性定位。

该书的特点之一如书名副标题所示，将历史与特定的地理空间联系起来探讨社会的形成。书中讨论了国家行政在基层社会的空间展开问题、水路的形成与市镇的发展问题、江南水乡造桥与市镇的联系和扩展问题、商品经济的市场网络问题，使我们看到历史在空间的创造性。作者不仅从总体上把握江南三角洲地理生态，还将明清时期江南商品生产划分为三个区域：即以松江府上海为中心的棉作栽培、棉丝纺织、棉织业分工区，湖州、嘉兴、杭州三府的养蚕制丝的丝织业区，棉织业和丝织业混合的苏州府、嘉兴府地区。而对于社会的研究，则分不同经济的市镇群进行。如第七章十分鲜明地反映了这种将历史置于特定地理空间的研究特色。笔者曾经探讨过明清时期的岁时节日、丧葬祭祀及其他信仰问题，主要是从时代和风俗的角度把握的，有时为一些区域性的特点所困惑。拜读川胜守先生的大作，感到他将习俗、信仰置于特定的地理生态空间，有助于深化对于这些问题的认识。

　　该书的特点之二是注重社会文化史的研究。川胜守很早就开展对江南地区的研究，1992年出版了《明清江南农业经济史研究》（东京大学出版会）一书，可知他早期关注江南的经济问题。本书则从城市社会史出发研究市镇。不过在20世纪80年代及90年代初期、中期发表的论文侧重于行政和物质层面的探讨，如第一章（1986）、第二章（1981）、第三章（1994）、第九章（1987）、第十章（1983）；而在90年代中后期发表或新作的论文多是社会文化方面的，如第五章（1995）、第七章（新稿）、第八章（1996）、第十一章（新稿）、第十二章（新稿），侧重于民众的生活，关注他们的观念形态、习俗信仰。其实类似于川胜守的转变在其他学者身上也能看到，如同样以研究江南地区著名的滨岛敦俊教授，1982年出版过《明代江南农村社会史研究》（东京大学出版会）一书，从土地、赋役、租佃关系探讨社会经济史，后来他发表的关于明清江南的城隍（1988）、社和土地庙

（1990）、刘姓神（1991）、金总管（1996）等引人注目的系列论文，则将视角转向民众信仰形态，关心特定地域的社会文化问题。滨岛敦俊、川胜守都是日本明清史特别是社会史学的重要学者，他们在地域社会研究中的学术倾向值得注意。

（原载《社会史研究通讯》2000年第3期）

能不忆江南?

　　神奇的江南一直是学者关注的重点，然而以往的江南研究由于关注点与方法论的局限，远远未能深入普通民众的日常生活。朱小田先生的《江南场景：社会史的跨学科对话》（上海人民出版社，以下简称《江南场景》）一书，则以社会史范式演绎出令人耳目一新的区域历史场景。

　　新兴的社会史追求历史的整体性。在整体性范式下，普 通民众的日常生活及其民间文化受到研究者的特别青睐，并以此形成与传统史学明显不同的特色。人们越来越相信历史的整体性存在于较小的地理单元里，所以就空间要素而言，江南不仅仅是中观意义上的区域概念，还是微观意义上的实际社群，即在时空坐落里生活的人们。作者对浙江湖州南浔社群的考察表明，诸多文化要素彼此耦合，在社群生活的流程中，日积月累，散发出极具个性的亚文化气息，各种亚文化的共性便构成江南区域文化的底色。"社群视野"既是社会史学者从事社群研究的理论先导，亦是实证考察的理论凝结。作者认为："重构某个时段内的社群生活图景，总是社会科学家工作的基础和起点。"

　　20世纪上半叶的新史学重视国民，马克思主义历史学强调研究物质资料生产者的历史，劳动群众的历史。但是长期以来学者研究并未能深入民众日常生活的实态；出入于《江南场景》中的人物大多不是传统史学关注的政治要人、思想精英，而是下里巴人、乡村妇女、稚气儿童等。在这里，作者的勇气不在于理论的突破，而在于将一个早已被人们认可却由于种种原因没有付诸实践的理论贯彻到社会史的写作中。

底层劳动群众的作为，自然大多不会是惊天伟业，而只能是衣食住行、婚丧嫁娶、家长里短。这与传统史学将社会经济结构的矛盾运动作为主要叙事内容的做法迥然不同，依据唯物史观，《江南场景》在第5章和第2章第1节中为日常生活史进行的辩护，显示出真知灼见：人们"为了生活，首先就需要衣、食、住以及其他东西。因此第一个历史活动就是生产满足这些需要的资料，即生产物质生活本身"（马克思、恩格斯：《费尔巴哈》）。《江南场景》中，作者将唯物史观和文学哲学中的日常生活理论融会贯通，充分阐明了日常生活在社会生活中的重要地位，同时也就表明了它在社会史中的独特性。相关的理论在该书"结语，暨后记""田野工作"部分有比较集中的说明。

社会史的更新应该是一种整体行为。社会史的主体、领域及空间中的焦点转移，势必引起资料类型、观测角度和考察方法等方面的变化。"竹枝词""民间传说""写实漫画"等材料反映的基层社会、民间文化与民众的日常生活密切关联，该书对其浓墨重彩，给以深入论说。作者认为，这些资料一旦进入史家视野，首先必须接受史学的考量：它们在何种意义上成为社会史素材？《江南场景》立足于坚实的史学根基，通过与艺术、文学、人类学、社会学及社会心理学等诸多学科的沟通，不但对另类素材进行了史料学的研究和处理，更重要的是，面对包括传统文献在内的所有素材，借鉴上述学科的诸多理论和方法，改变传统史学的提问方式，转换视角，从而在我们面前展现了一幅清新独特的旧时江南场景。

　　作者多年研究江南区域史，出版了《江南乡镇社会的近代转型》《在神圣与凡俗之间——江南庙会论考》等著作，与他以往的江南研究不同，《江南场景》从中观进入微观，深入民间，复活了江南民众日常生活。这些既是作者治学历程的转变，或许也标志着我国社会史研究的趋向，作者呈现的江南场景实在令我难忘。

　　　　　　　　　　（原载《光明日报》2008年3月17日）

进入古人生活场景，体验古人的生存状态

历史的内容是丰富多彩的。就社会史而言，它的特点是研究不同的人群，研究人际关系、社会网络、社会结构及人们的生活方式。要研究芸芸众生，当然离不开各种资料。在传统文献当中，是有这些资料，但并不丰富。因为传统史学是以社会上层为主，要弥补这个缺陷，就要关注下层，关注民间社会。在这一方面，民间文献就有它独特的价值。民间文献的收集、整理、研究，是社会史研究里头非常重要且具有突破性的一种工作。这种工作大规模的开展，基本是20世纪以来的现代史学所开拓的。但是进展非常缓慢，应该说改革开放以后，才有了突破性的发展。

郑振满老师特别谈到了永泰文书这一批资料具

《庄寨密码：永泰文书与山区开发史研究》封面

有"原生态"的特点。什么是原生态？原生态就是最贴近老百姓，贴近他们的生存状况。所以，如果我们用这样的资料进行社会史研究，无疑会和原来利用经史子集传统文献研究出来的成果不同。这一套书接地气，所以非常适合用来讲所谓的中国故事。中国故事非常大，该怎么讲？从契约来讲，主要讲老百姓自己的故事。我觉得这对家族史研究非常有价值。当我们看一本家庭社会学的书，我们会发现，家庭社会学的基本构架是一个结构功能性的研究，告诉你大家都知道的家庭关系、家庭规模、家庭功能等。但是你看了以后会觉得家庭是很死板的，没有生活气息。为什么会写成这样子呢？是因为没有老百姓的资料，所以只能那么干巴巴地写，进行人口统计之类，说的都是一些相对来讲比较表面的东西。如果我们看契约文书就不一样。再如刚才郑老师讲到的"人情簿"，就是当时家庭活的人际关系，活的人际网络，对其进行研究可以使家庭活起来。家庭史的研究，要从家庭结构的研究向家庭生活研究转化，要实现这种转化很重要的依托就是要有民间资料，包括契约、家谱、书信等。这些文献结合起来，我们对家庭、宗族这些问题的认识就会迈进一步。

再比如村落。我们经常说，中国传统社会是乡村社会，但是你要说传统社会里的村落是一个什么样的状态？百姓在里面如何生活？经史子集的文献是无法呈现的。如果我们依据契约文书，包括其他的一些民间文献，就可以在一定意义上对村落进行重建和复活。那我们对于所谓的农村社会，体会就很不一样了，可以进入古人的生活场景，体验古人的生存状态。

　　这套书已经出版的部分是以永泰的文书为主。据我所知，在整理文书的同时，郑老师还主编了一本书叫《庄寨密码》，副标题是"永泰文书与山区开发史研究"。为什么叫《庄寨密码》呢？就是永泰这个地方，在山区开发过程中为了自身的安全，基于生态条件，修了很多庄、寨、堡垒。这些庄、寨的形成，主要依赖于山区开发。我们知道，明清以来的山区开发，在中国历史上是一个大事件，其实也是由于全世界人口爆炸，人口在相对生存容易的平原地区达到一定饱和度以后，向山区进军的一个共同现象。这是和大历史有关系的。想了解这个大历史，就离不开研究村落与家庭的历史。活的家庭、村庄的历史和开发史构成我们了解的区域历史。这样的区域历史在中国各地都有很多契约佐证。如果我们都有类似《福建民间契约文书》这样的资料，据以开展研究，对我们认识整个传统中国的历史是非常有益的。

［原载《中华读书报》2023年9月6日9版"书评周刊"（总第746期），刊发《民间契约文书能给历史研究带来什么》之常建华部分］

法眼看历史

从"法眼"的角度来看历史，我觉得是非常必要的。张世明教授提出了一个核心的概念，即"新历史法学"，这是他著作的理论出发点和基本的方法论，也形成了他的法律、资源及时空建构这么一个体系和思维构架。这确实算一套理论，他借用这一套理论来看清史。由于这个角度是比较独特的，所以他也就看到了清史当中的另一种风景。比如说边疆问题，他是从国际法学的角度来讨论。比如说军事战争这一部分，我重点看了一下，跟我的兴趣关系比较密切，开始觉得这个怎么跟法律联系起来呢？看到他在结论部分专门讨论这个问题，他是借用福柯《规训与惩罚》的观点，吸收西学的一些理论营养来建构战争跟国家、社会的关系，还是有一些很新的东西在里头。再比如说他的老本行——法律问题，他比较关注鸦片战争以后近代法制史的一些问题，探讨得比较具体，也比较深入，像班房、京控、就地正法等，这些法律问题也是清史问题，从他的角度都给予了一些说明。总的来讲，我觉得，这部书是在潜心研究的基础上对清代很多重大历史进行重新解释，而且是建立了自己体系的一部著作。清史的很多问题难逃张教授的"法眼"。当然，这不仅是对于清史的一个观察，而且上升到对历史的一个整体考虑，这主要体现在他的导论部分，试图用"新历史法学"来建构总体史。历史法学能不能建构总体史呢？我觉得还是可以的。一方面，社会秩序本身的研究必须要借助法律这样一个角度；另一方面，他提出法律、资源和时空这样一个很大的结构，很具有概括性。这个时空的"时"当然是历史的，再加上空间，很多问题能囊括进去。这样，他对历史就上升到一种抽象的观察，可以说丰富了历史认识论。由于世明具有多学科的素养，所以这是从社会科学角度来看待历史的一部著作，也就是说它不仅是一部清史。此外，在有的部分他讲了1945年以前的中国，也是对中国历史特别是近现代转折的一个考虑。这样，中国近代历史也难逃世明的"法眼"。当然，做这样一部庞大的书，在理论方面，肯定还需要不断完善和提升。我想，有这么好的一个基础，将来一定有更精彩的论著问世。最后，再次祝贺世明教授大著的出版。谢谢！

（原载《商丘师范学院学报》2013年第4期）

142

吴十洲《乾隆十二时辰》序

2019年，电视剧《长安十二时辰》一路热播。该剧讲述了天宝三载（744）都城长安上元节花灯大会前一天内破获纵火行刺阴谋的故事。故事情节虽然是虚构的，但所构建的细节颇有历史感，仿佛带领我们重新回到了大唐。这是文艺作品的力量。

如果历史学也写一天之史，又当如何呢？清朝有大量的清宫档案保存至今，如果选择某一天，将当天所涉档案找出来，则可以呈现出清朝历史的一些侧面。

吴十洲教授的《乾隆十二时辰》正是这样一种尝试。该书通过乾隆三十年（1765）正月初八这一天来反映乾隆朝乃至清朝的统治特色。

乾隆朝共六十年，是清代历史上由盛而衰的时期，了解乾隆朝对于把握清史至关重要。然而为何选择这一年、这一天呢？乾隆三十年正好是乾隆朝之半，选择这一年从时间上考虑是最平衡、最有代表性的。就描写皇帝而言，那自然是选择留下档案较多、活动内容较丰富的那一天，叙述起来才能得心应手。正月初八正好可以满足这样的要求。

这一天发生的事情，确实充满了清史特别是乾隆史的重要信息。清朝以"敬天法祖"为家法，常年举行朝祭和坚持阅读《圣训》《实录》，这是皇帝的日常。这一天清廷的节庆活动有重华宫茶宴，这是君臣吟诗联句的雅集。联句结束后，乾隆帝特赐与会者《石渠宝笈》一部。这种君臣间礼物的流动具有主仆特色。清帝标榜文化事业超迈历朝，《石渠宝笈》被作为礼物赏赐，对于大臣来说，无疑是重要的世宝，昭显的是皇恩浩荡。

清朝的另一家法是"勤政爱民"。勤政就要坚持亲自处理政务。这一天乾隆帝批阅了奏本，接见了知府州县等基层官员。阅览奏本可使皇帝与大臣间保持信息通畅，维护君臣关系。而中下级官员即京官五品以下、外官四品以下，在授官、京察、大计、保举、升调、俸满时，朝见皇帝，由皇帝当面鉴定升降去留，可以保持皇帝对官员及基层社会的了解。这些都是勤政的表现。当然，皇帝也不是事事都自己拿主意，遇到复杂的问题，会和大臣商议，比如召军机处领班傅恒面议政事等。

除了处理政务，乾隆帝还雅有艺趣，书画文物，样样精通，经常在养心殿三希堂鉴赏书画器物。至于乾隆帝的家庭生活，这里面自然少不了乾隆帝一生念念不忘的爱妻富察皇后、怨偶第二任皇后乌拉纳喇氏、民间流传最广的宠妃香妃。

这一天还是顺星节，要祭祀星辰。这一年正月十六，乾隆帝将要第四次南巡江浙。这一天宫中上上下下也都在为即将启程的南巡做准备。乾隆帝仿祖父康熙帝亦有六次南巡，察吏安民，游览美景，亦是清朝"马上朝廷"的统治特色。

南巡表达的孝道、尊儒、治河等政治文化，极具清朝意识形态特色。

"内言不出外"，诚然在清宫档案中，乾隆三十年正月初八基本是"一夜无话"的。但历史学者通过勾连史料，建构出了乾隆帝这一天丰富的行程。朝廷的大事小情，经十洲先生的巧思佳构生动地再现出来。这是史学的力量，逼真而超出一般人的想象力。

这部别具一格、雅俗共赏的一日史，值得一阅。

2020 年 8 月 31 日

(原载《乾隆十二时辰》，中华书局，2021 年)

台湾大学《文史丛刊》中的社会史著作

　　台湾大学《文史丛刊》收录台湾大学文学院中国文学及历史学两个研究所的优秀毕业论文，自20世纪60年代出版以来，至今已有119部问世。台湾大学《文史丛刊》以学术水平高著称，早期在《文史丛刊》出版毕业论文的青年人，今天已经是六七十岁的老人，不少人成为著名学者，如杜维运、陶晋生、陈捷先、萧启庆等，可以说《文史丛刊》扶植了不少学者。值得注意的是，1990—2002年，《文史丛刊》所刊的学位论文不少是中国社会文化方面的，突破了以往的传统选题范围，一定程度上反映了青年学子的历史兴趣所在。如：邱澎生《十八、十九世纪苏州城的新兴工商业团体》、张隆志《族群关系与乡村台湾——一个清代台湾平埔族群史的重建和理解》、刘馨珺《南宋荆湖南路的变乱之研究》、王鸿泰《"三言二拍"的精神史研究》、康韵梅《中国古代死亡观之探究》、洪淑苓《关公民间造型之研究——以关公传说为重心的考察》、王仁祥《先秦两汉的隐逸》、黄玫茵《唐代江西地区开发研究》、周叙琪《一九一〇——九二〇年代都会新妇女生活风貌——以〈妇女杂志〉为分析实例》、蔡璧名《身体与自然——以〈黄帝内经素问〉为中心论古代思想传统中的身体观》、彭美玲《古代礼俗左右之辨研究——以三礼为中心》、陈元朋《两宋的"尚医士人"与"儒医"——兼论其在金元的流变》、费丝言《由典范到规范：从明代贞节烈女的辨识与流传看贞节观念的严格化》、庄明兴《中国中古的地藏信仰》、郑雅如《情感与制度：魏晋时代的母子关系》、唐立宗《在"盗区"与"政区"之间——明代闽粤赣湘交界的秩序变动与地方行政演化》。

从以上16部论文选题来看，题目比较广泛，有的选题很新，如医疗社会史、地域史、女性史、精神史等即是。不少选题有将社会史与文化史打通的倾向，中文方面比较偏重思想史，选题内容已经突破传统的学科界限。

需要指出的是，《文史丛刊》所收多数是硕士论文，有的质量之高，不下于博士论文的水平。台湾的朋友告诉我，台湾的中国文史硕士论文水平非常高，原因是教师精心指导，学生全力以赴，加上在学时间较长所致。由于读博士的不少人已经工作、结婚，精力不济，博士论文与海内外其他学校的博士论文相比，优势不如硕士论文突出。我也赞同这种说法，我见到过台湾清华大学蔡惠琴1993年的硕士论文《明清无赖的社会活动及其人际关系网之探讨——兼论无赖集团打行及窝访》、台湾师范大学何淑宜2000年的硕士论文《明代士绅与通俗文化——以丧葬礼俗为例的考察》等，感到都是有很好的问题意识、资料丰富的学术著作。

高校院系以丛刊的形式集中展示自己所培养的学生高水

平的学位论文，既培育了学生也反映了自己的研究水平和成绩，这种形式值得借鉴。而台湾大学历史研究所社会史研究的成绩引人注目。

（原载《中国史研究动态》2004 年第 4 期）

阅览、投稿四十载的记忆

——祝贺《清史论丛》创刊四十年

　　《清史论丛》是我国改革开放以来最早创刊的清史断代史专刊，该刊以发表厚重扎实的论文为特色，是清史研究者重要的参考文献。四十年来，《清史论丛》先后由中华书局、辽宁古籍出版社、中国广播电视出版社、社科文献出版社等发行，经历了不平凡的发展历程。作为读者与作者，我觉得从《清史论丛》出版社的变化，就可以观察到刊物不同时期的变化与特点。自己则在不同时期得到过《清史论丛》学习、研究上的帮助。

　　1979年《清史论丛》创刊，由中华书局出版。当时我正读大二，学习兴趣逐渐向清史方面发展，开始购置《清史论丛》。研究生期间也是清史方向，经常阅读《清史论丛》，以了解清史最新研究成果。改革开放初期的《清史论丛》，发表了中国社会科学院历史研究所长期积累的课题成果，如利用乾隆朝刑科题本研究租佃关系、阶级斗争及资本主义萌芽等，也发表了清史学界当时关注的一些基本问题，如清初历史与社会矛盾、八旗制度、民族关系、经济问题等方面的论题。当时的清史研究室"分兵把口",对于清史研究比较全面，政治史、经济史、思想史等大的研究方向各有学者专攻。《清史论丛》以发表本单位学者论文为主，也有外稿，"百花齐放，百家争鸣"，比较活跃。论文质量很高，以发多年积累的长篇厚重论文为主，有的文章令人震撼，如第三辑发表的郭松义先生的《论"摊丁入地"》宏文近十万字，资料十分扎实。研究生期间，导师冯尔康先生要求杜家骥学长与我撰写学年论文，并希望达到发表水平。冯老师看过我俩的文章后表示满意，将我的文章推荐给《南开史学》，把家骥兄的大作推荐给《清史论丛》并在第七辑发表，这使我对《清史论丛》产生了一个新印象，该刊不仅发名家之作，也提携年轻学者！《清史论丛》从创刊到1986年连续出版七辑，作为年刊，第八辑到1991年才出刊，中间隔了五年，想必是遇到了出版上的麻烦。当时出版费用上涨，而学术单位研究经费短缺，出版难成为学术刊物普遍遇到的困难。

《清史论丛》得到辽宁古籍出版社和著名清史学家、台湾大学陈捷先教授赞助，改由辽宁古籍出版社发行。专刊每辑也改称公元年号，从1992年到1996年连续五年出版。我在《清史论丛》发表的第一篇论文《清代啯噜新研》，是在1993年那一辑上。"啯噜"一般被认为是类似会党的民间组织，拙文利用了新公布的档案资料，认为"啯噜"属于游民群体。拙文与喻松青先生研究宝卷的文章，以及胡珠生、赫治清、罗炤各位先生论述天地会的论文构成一组，属于"会党教门"类的文章编辑在一起。这一期还有顾诚、何龄修、杨启樵等前辈名家的大作，执行编委是陈祖武、何龄修等先生，主编是王戎生先生。还需提到，《清史论丛》1999年号又改由河北教育出版社发行，特别是版面缩小，改为32开，这是《清史论丛》唯一的小开本。

《清史论丛》从2000年号开始，重回大开本，改由中国广播电视出版社发行，直到2014年，连续出版十五辑。这期间，我有幸分别在《清史论丛》2000年号、2002年号、2007年号、2012年号，先后发表了四篇论文：《清代的文昌诞节》《乾隆前期治理僧道问题初探》《清朝奏折档案的社会史资料价值》《确立统治与形成秩序：清顺治康熙时期对南方土司的处置》。其中《清朝奏折档案的社会史资料价值》系发表在《清史论丛》2007年号商鸿逵先生百年诞辰纪念专集。几篇拙稿处理过程中，得到了主编李世愉先生不少教益，向他表示感谢！

随着我国学术年刊出版的繁荣，《清史论丛》2015年起改为半年刊，并由以出版学术年刊著称的社会科学文献出版社发行。每年上下半年分别推出第一、二两辑，同时标出总辑数。2015年出版了总二十九辑、总三十辑。我在新版《清史论丛》总三十一辑（2016年第一辑）发表了新作《清乾嘉时期四川地方行政职役考述——以刑科题本、巴县档案为基本资料》，又在总三十七辑（2019年第一辑）发表《探微技艺精　宏论卓识高——〈郑天挺清史讲义〉反映的清史教研》一文，纪念我国著名清史学家郑天挺先生120周年诞辰。我与新版《清史论丛》又结下缘分，相信这种缘分还会继续下去。

办好一份学术刊物不是件容易的事情，《清史论丛》的历程证明了这一点。我也仿佛体会到刊物编者的酸甜苦辣，《清史论丛》正是在学术坚守中树立了自己的品牌。《清史论丛》2009年号发表了王戎笙先生撰文《艰辛的三十年——纪念〈清史论丛〉创办三十周年》，使用"艰辛"一词概括创刊三十年走过的道路，道出了办刊的甘苦，成为珍贵的历史记忆。如今办刊条件大为改善，祝福《清史论丛》步入坦途！

回顾我学习清史过程中与《清史论丛》有过的交集，感谢该刊对我的帮助！拙文有几篇较长，四万字左右，《清史论丛》予以发表，真是清史研究者好的发表园地。或许可以说，虽然自己势单力薄，也为这块园地洒过汗水！如今自己从《清史论丛》创刊时的普通学子，成为已逾花甲者，从成长到长成，几多回忆，成为往事。

特别是我向《清史论丛》推荐过学生的几篇习作，《清史论丛》予以采纳，奖掖了后学。如王洪兵、邹长清、张建、王秀玲、黑广菊、王爱英、朱亦灵、王春花等人的论文，先后得到了《清史论丛》编委的指教，在此我要向《清史论丛》表达敬意与谢意！《清史论丛》创办三十周年时，编委会发表《衷心的祝贺》一文抒发情感，刊物以发表袁森坡先生多篇文章为豪，因为看到一位学者"从业余向专业史学家奋进的过程"。助力后学的办刊精神，我看到了，体会到了，也祝愿《清史论丛》将这种精神发扬光大！

2019年4月18日于津门

（原载《清史论丛》2019年第二辑，总三十八辑，2020年出版）

前辈学行

明清史学大家郑天挺

　　中国史学会原会长戴逸教授在纪念郑天挺先生诞辰百年时曾题词："师表垂后世，史才写探微"，这是学生对老师作为历史学家、教育家一生风范的典型概括。郑天挺（1899—1981），原名庆甡，字毅生，籍贯福建长乐，出生于北京。1920年毕业于北京大学国文系，1922年考入北京大学国学门为研究生，并于1924年毕业。此后长期任教于北京大学，为中文系、史学系教授，兼任北大秘书长，曾任北大文科研究所副所长及史学系主任，西南联大总务长。1952年奉调南开大学，先后任历史系教授（一级）、系主任、明清史研究室主任、副校长、校顾问等职。1961年任全国高校文科教材历史组副组长，晚年当选为中国史

《郑天挺先生学行录》封面

学会执行主席，任第一届国务院学位委员会历史组组长。先后著有《列国在华领事裁判权志要》《清史探微》《探微集》《清史简述》《及时学人谈丛》等书，主编与合编《明末农民起义史料》《宋景诗起义史料》《中国通史参考资料》《史学名著选读》《明清史资料》，主持标点《明史》，担任《中国历史大辞典》总编。先生一生从事中国历史的教学与研究，尤精于明清史学，[①]学术造诣极高，培养了大批史学人才。他为我国的史学发展作出了重要贡献，为北京大学、南开大学两校的建设立下了汗马功劳。

一、早失怙恃

　　风雨飘摇的晚清时代，1899年8月9日，先生出生于北京一个书香门第之家。父亲郑叔忱，字宸丹，生于1863年，1890年28岁时中进士，授翰林院庶吉士。1894年做过顺天乡试的同考官，1900年以后又到奉天（沈阳）担任了一年多的学政，1902年为奉天府丞，后以丁忧回到北京，在京师大学堂（北京大学前身）做过很短时期的教务提调（教务长）。母亲陆嘉坤，字荇洲，是广西临桂人，亦通经史，热心于教书，1896年父亲与母亲结婚。婚后一年，他们生有一女，隔年得子天挺即先生。此后，又得两子。

　　郑家添丁进口，好不兴旺。但是好景不长，不幸的事接

----

　　①常建华：《郑天挺教授与明清史学》，载《炎黄文化研究》第四辑，郑州：大象出版社，2006年。

踵而来。1905年，先生才6岁，42岁的父亲竟英年早逝。由于未留下什么产业，为了照顾生活，母亲应傅增湘之聘，到天津担任北洋高等女学堂总教习。未曾想到，不到一年37岁的母亲也因视友人疾患白喉病逝。诸孤同在传染中，情势甚危。郑母临终前，委托表哥即郑天挺的表舅梁济为监护人，照顾他们。梁济有梁凯铭、梁漱溟两个儿子，是郑先生的表兄，梁漱溟长他六岁。梁济提挈诸孤至梁家京寓，由梁妻负责抚育。当时梁妻亦被感染，接着，比先生大两岁的姐姐和一个弟弟又先后病死。梁母与七岁的先生和比先生小五岁的弟弟——郑庆珏（字少丹）幸得痊愈。不过后来年幼的郑氏兄弟实际上是寄养在姨母家中。姨父母也早过世，家中有张耀曾、张辉曾两位表兄。当时耀曾正在日本留学，因此由辉曾教他读书。张辉曾研究程朱理学，律己责人严格，对先生的影响很大。

　　1907年，八岁的先生在北京入福建同乡设立的闽学堂上学，读初小，因班上只有5个学生，仅一年学校将该班停办，介绍他到江苏学堂去读书。那时各省旅京同乡大都设有学堂，不仅招收本省子弟，外省人也可入学。学堂是春季开学。1908年，他在这个学校也读了一年。1909年，闽学堂成立高小，先生又回到该校读书，读了两年，到1910年冬，同乡会因经费不足停办了这个学堂，于是又离开。

　　清末的学堂，虽然仍以读经为主，不过读的方式与私塾不同。先生在小学的几年，主要读物还是《书经》《诗经》等，另加上修身、作文、算术、史地，都很浅。1911年，12岁的郑天挺考入顺天高等学堂的中学一年级。同班人很多，除几个同年外，其他都比他年长，李继侗是他的同学。高年级的同学有梁漱溟、张申府、汤用彤等人。所学课程很深，课外参加准备对付列强侵略的兵操，由于背不动枪，只是随队走走。秋天爆发了武昌起义，学校停办，于是辍学。

此时张耀曾在日本加入同盟会，编辑《云南杂志》，接受了反满思想。他经常寄回一些刊物，多是号召推翻清朝的革命书籍。当时先生年纪虽小，受到这些刊物的影响。直到晚年还记得当时剪掉发辫的快活。

1912年夏，他考入北京高等师范学校附属中学（即师大附中前身），并与弟弟单独赁屋生活。据先生在自传中说，由于学校督促不严，家中也没人管教，自己又喜欢玩球不读书，学习成绩不好，1915年曾留级一年。[1]经过这一教训，他折节读书，但所读又不全依学校规定，而是喜欢读父亲遗在家中的文史书籍。受同学的影响，也喜欢起中国书画、刻印和古董。1915年，日本向袁世凯提出二十一条，对他刺激很大，家里的墙上贴了岳飞"还我河山"等传单，同时也不再购买日货。

1916年暑假离校前，投考北京大学未考上。此后一年在家中自学，阅读家中父亲的藏书。这是重要的一年，虽然郑

---

①郑克晟整理：《郑天挺自传》，载冯尔康、郑克晟编《郑天挺学记》，北京：生活·读书·新知三联书店，1991年；又，我写作本文以《郑天挺自传》、郑嗣仁《郑天挺教授大事记》（南开大学历史系、北京大学历史系编：《郑天挺先生百年诞辰纪念文集》，北京：中华书局，2000年）为主要依据，并参考了《郑天挺学记》所收诸文，除特别地方，引自"自传""大事记"及该书者不一一注明出处。

天挺六七岁便成孤儿，但书香犹在，毕竟是故家子弟，诗书传家。17岁的他闭门专读中国史籍，不论经史杂书，每天开始一卷一卷地读。没有师承，开始读时不成系统，逐步摸索出一条捷径，给后来学习文史创造了条件，养成了读书的习惯，也奠定了后来学习的趋向。父亲和家学的影响是久远的，1979年郑先生为进修教师讲授"清代的考试文字"时，列举自己藏书中清代刊印的当时人的试卷，其中就有自己父亲的。父亲遗书经历了八十年的风风雨雨，奇迹般地保存下来，可见先人故物的力量和故家后人的善继善述。

二、北大求学

1917年夏，先生以天挺之名考入北京大学中国文学门（简称"国文门"）。这是北大历史上的重要一年，蔡元培新任校长，陈独秀出任文科学长，老师中有马裕藻、钱玄同、马叙伦、蒋梦麟、胡适等人。先生的同班有32人，同年出生的约占一半，年龄大的同学三十多岁，最小的是罗庸，17岁。他发奋读书，除学习本系课程外，还要旁听其他方面知识，并且每天熟读《史记》《资治通鉴》等书。除了上课就是去图书馆，连报纸都少看了，真是"两耳不闻窗外事"。

当时北大的学术氛围很活跃。1918年年底，北大学生傅斯年（傅1913年入北大预科，1916年入本科国文门）、罗家伦等成立新潮社，1919年1月1日出版《新潮》月刊，邀请胡适当顾问，主张新文化。3月20日国故社刊行《国故》月刊，由刘师培、黄侃担任总编辑，以学生为主体，宗旨是

"昌明中国固有学术"。还有学生办的《国民杂志》为一般的综合性的刊物，不以北大学生为限。这几种刊物方向不同。但是他们班的同学依然各自埋头学习，很少参加活动。有一个同学给《国故》投了一篇稿子，还受到同学的揶揄。大家都自命清高，认为投稿是炫耀才识。先生也受这种思想影响，后来不敢、也不愿以自己的文章就正于人，因而也就很少写文章。班上的其他同学也多是如此。这时较熟悉的同学有郑奠、罗庸、张煦、罗常培（高一班）等，都异常用功，给他鼓励很大。此外还有邓中夏、许宝驹、杨亮功、萧璛原等。1918年开始，先生又在贵州客居京华的名学者姚华先生家听他讲文章，讲金石文字，每周末晚间一次。后来他曾为姚先生的《莲华盫书画集》写过序。

1918年冬，先生的监护人梁济在北京积水潭投湖自尽。梁济在辛亥革命后，放弃了以前崇尚西学、力主宪政的态度，他的死大约是为危机中的中国文化殉身。顺便一提的是，24岁的表兄梁漱溟，于1917年任北大哲学门讲师，主张佛教人生观。[1]

1919年5月，爆发了轰轰烈烈的五四运动。先生也走出书斋，参加了学生会的工作，曾代表北大到天津南开中学联系了一次，并走向街头宣传。11月，日本帝国主义在福州残杀中国人民，还派海军陆战队登陆威胁。先生参加了旅京福建学生联合会的抗议活动，到街头讲演，宣传不买日货，并

①王宗煜：《一代儒学宗师——梁漱溟在北大》，载汤一介编《北大校长与中国文化》，北京：北京大学出版社，1998年，第217—218页。

为学生联合会募捐筹款。会中出版《闽潮周刊》，他用"撄日"笔名写文章，宣传抗日。当时参加五四运动和福建学生运动常在一起的，有郭梦良、徐其湘、朱谦之、郑振铎、黄英、许地山等，都是福建人，其中郑振铎还是先生的本家侄子，以后过从亦多。1920年，14个福建学生在北京组织了一个S.R学会（Social Reformation，意即社会改革），先生也参加了。这个会并没有公开。大家原想共同学习些社会改革的新思潮和新东西，但因为很快即到暑假，大多数人毕业四散，无形中就解散了。

先生多次讲，他受国学根底很深的老师黄侃、刘师培影响较大。他的同学萧桌原回忆当时的课程说：黄侃讲古文、《文心雕龙》，钱玄同讲文字音韵学，黄节讲诗词。[①]刘、黄二人均是著名学者，刘是"国粹派"，精通经学；黄继承清代乾嘉考据学的传统，治学主要在声韵、文字、训诂方面，是清末大儒章太炎的学生。黄侃、刘师培作为清代朴学的继承者，运用的史学方法是罗列证据，进行比较，学风朴实。先生还上过胡适的课，后来先生担任北京大学秘书长，在给胡适的书信署名时，都自称学生，反映了二人的师生关系。

1920年夏，先生在北大中国文学系（1919年各学门改为各学系）毕业。因人介绍决定到筹建中的厦门大学教书，1921年正月，离京南下到厦门。这是他第一次到南方，看到的一切都新鲜。这时厦大在集美，尚未招生。到校后就帮助

---

①萧劳：《六十年前我在北大的几点回忆》，载《文史资料选编》第二十三辑，北京：北京出版社，1985年。

招生和其他筹备工作，并设置图书室，整理图书。4月初，学校开学，在演武厅举行厦大奠基典礼。演武厅是当年郑成功操练水军阅兵的地方，附近搭了一个牌楼，郑先生写了"南国启运"四字。上课后，他教国文，任助教授兼图书馆主任。这时常在一起的厦大同事有周予同、刘树杞等人。6月，厦大更换校长，他与部分教师辞职离校。

1921年秋，北大研究所国学门（后改文科研究所）成立，先生和张煦、罗庸都入所作研究生。郑的研究题目是中国文字音义起源考，由钱玄同先生指导。研究所很自由，不必常来，也可以在外工作，在校只是读书而已。每隔一段时间，研究生和导师集会一次，大家见面谈谈。郑先生在研究生阶段研究古文字，探讨的问题属于"小学"，仍未脱乾嘉学派的传统。当时陈垣也是导师之一，其治学对他亦有影响。一次集会上，陈垣说，我们应当把汉学中心夺回中国、夺回北京。这几句话当时对他影响最深。陈垣长郑19岁，以后过从很多。

20世纪初，清内阁大库档案被发现，它如同殷墟甲骨、敦煌卷子、汉晋简牍一样，是学术史上的大事，有力推动了明清史的研究。1922年7月，当时的政府将部分档案拨归北大，随即由北大研究所国学门、史学系、中国文学系的教职员、研究生等组成"清代内阁大库档案整理会"。先生加入了该会，是首批明清档案的整理者。他在当年7月26日的日记中写道："民国成立，前清内阁档案移至教育部历史档案馆，近复移至（北京）大学整理。大学因设专员司之，余与其列。今日整理者为雍正题本。"郑先生感到收获特别大，从而奠定了他以后从事明清史研究的基础。

先生求学期间继承了乾嘉以来的考据学传统，经过自身的学术实践，能够娴熟地运用多种考据方法研究历史，这在他以后三四十年代的学术研究上体现出来。

三、维持生计

1921年秋，先生与周俶（稚眉）女士结婚。周俶生于1897年，是江苏泰州人。先生六岁时父母已给他们订了婚，但相隔太远，从未见面。他大学毕业后，周家多次催促结婚，故于是时完婚。周俶长先生两岁，人极贤惠，对先生关怀备至，两人关系很好。由于家庭负担加重，生活更加困难，为补家用不足，先生开始找兼职工作。

1922年9月，先生为时任法权讨论委员会会长也是表兄的张耀曾当秘书。法权讨论会是当时政府筹备收回列强在中国的领事裁判权的机构，会中保存了大批中外文献及一些外交档案。郑先生编写汉文资料，并以该会名义撰写了《列国在华领事裁判权志要》一书，于1923年8月正式出版，这是他编撰的第一部学术著作。该书共六章，揭露了帝国主义在华设立领事裁判权的侵略行径，概数列强在华领事裁判权的沿革、内容，分析领事裁判权之弊害及撤废的必要性，叙述中国撤废领事裁判权运动的经过，并有外国侵害中国司法之事实、收回法权之先例（土耳其等国收回法权事实）两个附录。该书出版后，曾获得当时一些法学家的好评，刘师舜撰文称赞此书。是年春，先生还为该会撰《中国司法小史》初稿。

法权讨论会的薪水很少，不足以养家，先生只好到各校兼课。1922年，先生经郑奠介绍到北京女子高等师范学校（简称女高师）教书，同时还在北京法政大学、市立一中、春明公学、私立华北大学、励群学院兼课。1923年夏，长女郑雯、次女郑晏同日出生，头胎双胞的问世给先生夫妇带来无限欢乐。1924年夏，先生与同学罗庸、张煦同时受聘为北大预科讲师，有了固定收入，到处兼课的情况减少了。先生担任预科人文地理、国文课程老师，人文地理系百余人的大课，座无虚席，预科听课者有傅振伦等。

　　1926年3月，北洋政府教育总长章士钊非法解散北京女师大，引起全校师生极大愤慨，进行抵制。当时鲁迅、许寿裳等人曾另选校址为学生上课，先生也参加了，并抗议解聘。3月18日，发生了执政府卫队枪杀学生的惨案。当时北大学生死三人，其中两个是他的学生；女师大所死二人，也是他的学生。先生义愤填膺，参加了3月25日全校师生为死难学生召开的追悼会，会后发动教师对死难家属募捐。

　　1927年上半年，北洋政府欠薪更为严重，有时仅能拿到月薪的十分之一二，加之上一年夏长子克昌出生，家中生活异常困难。是年5月，马叙伦任浙江民政厅厅长，同学许宝驹来电约郑先生去杭州工作。马叙伦是他在北大时的老师，后任北洋政府的教育部次长。上一年马叙伦主持教育特税公署，许宝驹曾把先生介绍给马叙伦。虽然因这个机构不久解散，先生只在马的手下工作一个月，却从此受知于马叙伦。先生决定南下，6月底，北京学校的课程结束后，离开北京。7月初抵达杭州，和罗常培、章廷谦（川岛）同住一起。但是8月马叙伦辞职，命郑先生负责移交。不久郑先生也辞职了。当时许多朋友劝他不辞，留在杭州，但郑先生还是返回北京。这时北洋政府合并了北京的几个大学，北大旧人多数离校，先生也没有再回去教书。法权讨论会也于此时改组，机构撤销，郑先生失业了。

1928年2月，表兄梁漱溟在广州政治分会建设委员会任常委，邀先生去广州协助他工作。郑先生5月到了广州，为秘书，或草文件，或任会议秘书，事情不多。开起会来大多议而不决，全系空谈，他感到无聊。加以当时官场各种关系异常复杂，郑先生也不精于此道，决心早日离开。幸好当时友人罗常培、丁山、傅斯年、顾颉刚等均任教于中山大学，得以每日谈论学问，由于他们的鼓励，先生开始写作。不久，朱谦之也来到广州，有时一起辩论问题，几至通宵达旦。梁漱溟从政在于推行乡村自治，但因当时派系复杂，梁的计划未获通过。就在这时浙江大学蒋梦麟屡电给郑天挺，约先生去浙江大学，先生结束了在广州三个多月的生活。

蒋梦麟原是郑先生北大的老师，以前并无深知。先生本年南下时，3月在杭州主要是通过马裕藻先生和北大几位老同学的介绍，蒋梦麟让他暑假后到浙江大学任秘书。9月中郑先生复至杭州，这时蒋梦麟已到南京任教育部部长，浙江大学校务由秘书长刘大白负责。先生除作浙江大学秘书外，同时还在该校文理学院任讲师，并在浙江省立高中及浙江地方自治专修学校兼课，专修学校的课程为中国现代法令。

1930年2月，蒋梦麟和刘大白（当时任教育部次长）因为要在是年3月召开第二次全国教育会议，请郑先生去帮忙，先生就到那里当秘书，主管审核公文及筹备事务。这几年郑天挺在南方工作，家眷仍居北京，他只春节回家探望一次，感到很不方便。是年夏，先生决定回北京工作，已接受了北大的聘书，但是走不脱。这时青岛大学校长杨振声也约他到历史系教书，他也无法去。直到11月，蒋梦麟辞教育部部长职，改任北大校长，先生亦随之于12月回到北大。

四、回到北大

先生到北大，蒋校长让他在校长室当秘书，并在预科教授国文课。1931年"九一八"事变发生，郑先生满腔义愤，将刚出生的次子克晟又名"念沈"，以示不忘沦陷的国土。翌年初，他与周炳琳等人去南京接回为反对日本侵略东北而南下示威的北大同学，已去日本留学的弟弟少丹也于是年愤而回国，全家沉浸在对日本侵华的仇恨里。

1928年，北大教授、中国共产党创始人之一李大钊被军阀杀害。1933年4月，北平市各界市民为李大钊举行安葬仪式，先生也参加了。先生不仅捐款，还是少数几个护灵人之一。李是先生北大的老师，他很佩服李大钊。

当时北大除校长及文、理、法三院院长外，还设有负责总务的秘书长、负责教务的课业长。1933年暑假，秘书长王烈（地质系教授兼）辞职，由蒋梦麟暂兼。11月28日，由于不应有的过失，学校浴室倒塌，不幸压死同学一人，重伤二人，引起了学潮。蒋校长非常害怕，急忙物色专职秘书长，以平息事态。开始他属意法学院院长周炳琳，周不就，反推荐郑先生继任。蒋又征求了刘树杞、胡适、马裕藻及刘半农教授的意见，就这样决定了。先生知道困难很多，如棘手的追悼会①问题，加上论资历不是留学生（已担任秘书长同时晋升副教授），况且还有校方负责人愿意担任此职。后来经过反复协商，加上许多人的鼓励，先生还是同意了，学校遂于12月正式任命，不过他未曾想到一干就是18年。

先生上任秘书长后，首先受命主持修建图书馆、地质馆、灰楼学生宿舍三大建筑。建筑事务异常繁忙，先生每天亲赴工地视察工程进度。1935年10月，学校举行图书馆、地质馆落成茶话会，招待中外人士，与会者三百余人。灰楼宿舍已于次月完工。

北大是学生运动的中心，先生热爱教育事业，保护进步学生。1935年发生"一二·九""一二·一六"运动，北大主张爱国抗日的学生和教师5人被国民党当局逮捕、9人被打伤。先生与教务长樊际昌去协和医院看望受伤学生，并代表学校将被捕学生无条件保释出去。香港中文大学王德昭教授曾撰文回忆被保释的经过，难忘先生对学生的爱护。

抗日战争爆发前，先生一直在中文系任教，这期间由于历史系蒙文通教授离校，先生又到历史系兼课，讲授魏晋南北朝史。先生在中文系主要开设古地理学、校勘学等课程。当时繁忙的行政事务占去了白天的大部分时间，先生只好利用晚上从事备课和科研工作。北大出版社曾印刷了先生所编

———————————
①据严薇青《北大忆旧》说，追悼会群情愤慨，蒋校长未到，郑先生代表校方出面，解释蒋去会见外宾，被学生轰下台去。可知此事棘手。见《北大旧事》第469页。

的《古地理学讲义》。1935年郑先生讲授校勘学，每天晚上校勘《世说新语》数页，以配合校勘学的课程实习。先生的校勘课及实习卓有成效，当年的学生后来成为著名学者的柳存仁受先生功课的启示，将校勘学用于小说史考证，曾就《水浒传》的简本繁本相比较，考察该书的演变情形。先生用校勘学方法做出了考证成绩。1936年发表的《杭世骏〈三国志补注〉与赵一清〈三国志注补〉》这篇有影响的文章，解决了清代遗留下来的一个疑案。清代学者赵一清所作《三国志注补》与友人杭世骏的《三国志补注》有雷同之处，因被后人疑为抄袭。先生通过系统对杭、赵有关《三国志》两书校勘比证，证明赵书所征引文献多于杭书七八倍，而雷同者则少，从而证明赵一清是清中叶的学者，而非文抄公。继而经过周密的文献调查，排出杭、赵二人的学术活动年表，搞清了杭、赵二书的关系。结论是："杭赵两书，盖由世骏创为义例，发起端绪，一清踵而广之；故体裁相同，证据相近。"为赵雪洗冤枉，有助于对《三国志》的研究。此文在当时重要刊物北京大学《国学季刊》第五卷四期以首篇刊载，引人注目，先生是年37岁，显示出其卓越的考证才华。随后他影印了赵书，在景印《三国志注补》序里，总结赵书十项优点，认为赵书仅次于晋裴松之的《三国志注》。1936年发表的《张穆〈月斋集〉稿本》，则利用稿本中的三类文字加以校勘比较，证明稿本中有何秋涛、何绍基的批注，后之刻本与此稿本多有不同，有依"二何"之意见改正者，亦有付刻时未能尽从者。以上二文反映出先生精通校勘学。

不过，先生的学术志趣始终在清史。他出生于清末，在北京长大，耳闻目睹了许多清人掌故，一直到他工作后，许多北洋政府的官职称呼还受清代的影响。例如他初到法权讨论会时，他的名义不叫助理秘书，而叫"秘书上办事"。因此他对清史有浓厚的兴趣，非常想研究清史。恰好在他到历史系兼课的1936年，范文澜主持北平女子文理学院，范先生和李季谷约他去该校讲授中国近三百年史。于是先生又开始研究清史。他认为清初摄政王多尔衮是满族入关后的实际统治者，也是清朝统一中国的奠基人，是一个很值得研究的人，于是先生先后写出了几篇研究多尔衮的论文。先生早期的清史研究主要体现在使用释词的方法上。史籍中常有一些特殊的名称反映着特定的历史内容，弄清楚这些词汇的含义和来龙去脉，有助于认识当时的历史。特别是在少数民族建立的朝代，史籍中有很多少数民族语的词汇，为治史者必须首先攻克的难点，否则历史研究难以进行。清史在古代史属于新学科，释词证史尤为迫切。多尔衮涉及"太后下嫁疑案"，有人即以顺治帝称多尔衮"皇父"作为太后下嫁依据之一。多尔衮生平称号最多，欲研究多尔衮，首先需要解读此人的称号。1936年发表的《多尔衮称皇父之臆测》一文，从"叔父"入手，证明"清初之'叔王'，盖为'亲王'以上爵秩。凡亲王建大勋者始封之，不以齿、不以尊，亦不以亲，尤非家人之通称"。皇父摄政王为当时之最高爵秩，"多尔衮之称'皇父摄政王'复由于左右希旨阿谀，且其称源于满洲旧称，故决无其他不可告人之隐晦原因在"。该文亦以首篇刊载于北大《国学季刊》（6卷1号）。随后他利用明清档案写了《墨勒根王考》，证实墨勒根王在汉语中为聪明王，为汉文睿亲王封号所从出，即摄政王多尔衮，并指出："墨勒根王之号，疑为入关前后世俗通俗，其后官书之称'睿亲王'，即其用例，故不称'睿亲王'。满语名称能旧传于后，应亦以当时习用之故。"（《益世报》1936、10、22）《多尔衮与九王爷》（1936、11）指出九王爷为多尔衮之号，并引发出对清初封王制度的考证，推导出："清初俗有十贝勒之称，亦曰王，起自天命季年。"1936年写的这些文章，奠定了郑先生研究清史的基础，也是清史研究的开拓性工作。

1937年不论对国家、北大还是先生家，都是极不平凡的一年。年初春节，先生的夫人周俶因难产病逝于医院。先生自幼丧失父母，缺少天伦之乐，成家后添人进口，经济虽时有拮据，但感到了家庭的欢乐。不及40岁妻子的去世，家中遗下了5个儿女（三子克扬于1934年生），长女不过13岁，幼子年仅3岁。因此，给先生精神上以极大的打击。他痛苦不堪，但又无处倾诉，有一个时期甚至经常念佛经，以悼念亡妻并借此消除心中的烦闷。此后他以学业为重，未再续娶。

"七七事变"发生，国难临头。这时蒋梦麟、胡适等人均不在北平，不久，学校其他负责人也纷纷南下，于是北大的事情全由郑先生负责。在日寇包围的情势下，先生决定给在校学生每人发给20元，让他们离校。到7月28日北平沦陷时，北大校内已没有学生。亲友为先生的安全担心，劝他远走或躲避。8月的一天，日本宪兵搜查北大办公室，发现了抗日宣传品。他们问这是谁的办公室，先生回答是自己的，他们似乎不大相信，因为当时各处的负责人早已逃散一空。

这月底，华北汉奸维持会派人接手北大，从此先生不再到校。这时得知学校决定迁往长沙，改为临时大学。于是大家想走又无路费，先生又有一些遗留的事需要妥善处理完毕。恰在此时，他收到了胡适从九江来的信，[①]报告行踪，劝先生、罗常培、魏建功留在北京埋头读书，维持学术研究，大家有些犹豫。但是先生感到偌大的学校，同人的生活实在无从设法维持。10月，学校派教务长樊际昌北上接各教授南下，月底款到，分送同人，陆续南下。孟森（1867—1937）是中国现代明清史学的开创者，1932年初到北大任教，与郑先生多有学术交往，曾为先生景印《三国志注补》作跋文，肯定先生的有关研究发明，又叙赵一清学术成果被戴震、王履泰剽窃原委；孟森《清初三大疑案考实》认为，多尔衮称"皇父"为太后下嫁之证据不足，他说"皇父"之称犹汉人古代之称"尚父""仲父"，是由于对功大者的一种尊称。胡适以为理由不充分，前述郑先生的论文回答了胡适的疑问，也是对孟森研究的补证。卢沟桥事变后，先生时常与孟森、马裕藻等先生一起商议对策，过从渐密。先生临走前两次到医院看望了孟森先生。孟先生身患胃癌，生命垂危，见到郑先生，尚以病榻日记相示。先生后来回忆说："日记无时不以国事为念，并以诗讽刺郑孝胥。临别时尚执手殷殷，潸然泪下。我往日所作清史论文，颇得先生奖饰，已感不安。今见先生如此如此，我亦深受感动，为之动容。不料两月后，

---

①吴廷璆等编：《郑天挺纪念论文集》，北京：中华书局，1990年，第712—713页。

孟先生遽归道山。"先生还到辅仁大学向陈垣先生辞行，两人长揖惜别。此外，还到余嘉锡先生处辞行。11月17日，先生离别了5个幼儿，只身和罗常培、魏建功、罗庸同车赴津南下，次日又有几人走，就是北大的最后一批了。

五、在大后方

先生抵津当天，钱稻孙从北京匆忙赶来，劝他不要走，说一走北大就要垮，要为北大着想。先生严词拒绝并辩论了很久。钱是北大日文系教授，与日本关系密切，后来当了伪北大的校长。

12月14日，先生一行到了长沙。他保护学校师生安全南
下，得到全校师生的赞扬，当时长沙《力报》、上海《宇宙风》等报刊均有报道。长沙临时大学由北大、清华、南开三校组成。当时长沙已遭轰炸，学校决定迁往昆明。1938年3月初，师生陆续到达昆明。这时学校改称西南联合大学。因昆明校舍尚未建成，由北大、清华、南开三校各派一人到蒙自筹设分校，清华派了王明之、南开派了杨石先、北大派了郑先生。筹备完毕，郑先生就留在蒙自，专在史学系教书。同时在蒙自还有北大办事处，也由先生负责。需要补充说明的是，先生于1937年夏任中文系教授，在长沙时改任历史系教授，讲授隋唐五代史。

文法学院设在蒙自。当时的教授大多住在法国银行及歌胪士洋行，先生与邱大年、闻一多、陈寅恪、刘叔雅、樊际昌、陈岱孙、邵循正、李卓敏、陈序经、丁佶等十几人住在

歌胪士洋行的楼上，楼下住男同学。陈寅恪先生是中外著名学者，长先生9岁，郑先生尊为师长。其父陈三立先生与郑父相识。此前数年，三立先生曾为郑先生书写"史宦"横幅，先生郑重挂于屋中。寅恪先生到蒙自稍晚，未带家属，经常与大家一起散步，当时他的身体尚好。先生与闻一多是邻居。闻非常用功，除上课外从不出门。饭后大家都去散步，他总不去。先生劝他说，何妨一下楼呢？大家都笑了起来，于是成了闻的一个典故，也是一个雅号，即"何妨一下楼主人"。后来闻下了楼，也常和大家一起散步。战时的情况下，大家同住一室，同桌吃饭，彼此关系十分融洽。①

　　先生在蒙自的半年，注意对西南边疆史地的研究，尤关注西藏问题。当时读《新唐书·吐蕃传》疑发羌即西藏土名Bod的对音，参用诸书，以地理证《新唐书·吐蕃传》中的"发羌"地望，以古音证发字与Bod可相对，写成《发羌考》一文。成文后曾向多位同仁就正，罗常培将文章题目改为《发羌之地望与对音》并就音韵学方面提供了有关证明，邵循正又据波斯语为之补充译文，陈寅恪为之订正梵文对音及佛经名称，还对文中意见表示赞许。这对于只身在外飘零的先生来说，真是莫大的鼓励和安慰。该文发表在权威刊物《中央研究院历史语言研究所集刊》（八本一分）上。先生还用上述方法写了《〈隋书·西域传〉附国之地望对音》《〈隋书·西域传〉薄缘夷之地望与对音》二文，证明

---

　　①郑天挺《滇行记》（郑克晟整理），王学珍等《国立西南联合大学史料》（一），昆明：云南教育出版社，1998年。

"附"字是"发"字的转音，"亦即西藏人自称Bod之对音"。而"薄缘"考订为西藏南邻山国不丹。这些考证说明，发羌是藏族的先民之一，吐蕃同隋唐王朝的关系，以及中国与不丹的关系，深化了西南边疆史地的研究。运用音韵学知识，采取对音研究古地理，也反映出先生的考证成就。《发羌之地望与对音》一文获得了1943年教育部三等奖的奖励。三等奖级别似乎不很高，但是如果想到西南联大教师在此次评奖中陈寅恪《唐代政治史述论稿》获一等奖、汤用彤《汉魏两晋南北朝佛教史》获二等奖、闻一多《楚辞校补》获二等奖，[①]先生的论文相比这些饮誉海内外的专著仅三千余字，获得三等奖，可见其精粹。[②]

蒙自的北大史学系教授仅有姚从吾、钱穆和先生。5月，史学系举行茶话会，纪念孟森先生。先生撰文《孟心史先生晚年著述述略》，发表在北大史学系主办的《治史杂志》第二期，缅怀孟森先生，系统表彰孟先生的学术成就。郑先生决心继孟老之后，钻研清史，完成其未竟之业。当时在云南大学任教的吴晗得知北大计划继续完成孟森的《明元清系通纪》，他主动要将所抄朝鲜《李朝实录》借给，甚至对先生说"我把它送给你"。不久郑先生听说孟先生的《明元清系通纪》基本上已编竣，稿本存北平，改变计划，没有

---

①王学珍等主编：《北京大学纪事》上册，北京：北京大学出版社，1998年，第289页。按，1942年年度联大王力《中国语法理论》、费孝通《禄村农田》获三等奖，1945年年度联大没有获一、二等奖者，分见《北京大学纪事》第284页、306页。

②郑克晟：《博览勤闻，多闻厥疑》，载《社会科学战线》1982年第3期。

借用。直到晚年,先生想起吴晗,仍十分怀念。先生在昆明曾看望吴晗,二人所谈甚快,以后一直保持良好的关系。7月,学期即将结束,昆明校舍亦陆续建造,于是蒙自的文法学院决定迁回昆明。史学系亦决定暑假期间由郑先生讲授明清史、清史研究、史传研究等课程,并召开史学系毕业同学欢送会。9月,蒙自的师生迁回昆明。

1939年5月,北大决定恢复文科研究所,由中央研究院历史语言研究所所长傅斯年兼主任,先生任副主任。这时史语所在昆明,所以与北大形同一家。第二年,史语所迁往四川李庄,傅也离昆至渝。于是先生实际上主持所务。所中分宋史工作室及明清史工作室,分别由姚从吾和先生负责。研究所设在昆明北郊宝台山响音寺。研究生亲切地比喻郑先生为古代书院的山长,恰如其分。同学们的一副对联编得好:"郑所长是副所长,傅所长是正所长,郑、傅所长掌研所;甄宝玉是假宝玉,贾宝玉是真宝玉,甄、贾宝玉共红楼",虽是笑话,也反映了当时的实情。陈寅恪先生在所中指导王永兴、汪篯,先生亦为导师。其他则有王明、任继愈、魏明经师从汤用彤,阎文儒师从向达,李埏、杨志玖、程溯洛师从姚从吾,王玉哲、王达津、殷焕先师从唐兰,王利器、王叔岷、李孝定师从傅斯年,阴法鲁、逯钦立、董庶师从罗庸,马学良、刘念和、周法高、高华年师从罗常培。后来有任继愈、马学良、刘念和、李孝定随史语所去了四川。抗战期间,后方的爱国知识分子只能积极从事科学研究,坚持谨严创造的精神,自学不倦,以期有所贡献于祖国。宝台山的研究生就是如此。在那艰苦的岁月里,北大文科研究所培养出的几批学生，后来不少人成为学术名家，为中国人文科学教育和研究作出了杰出贡献。

到昆明后，先生与陈寅恪、傅斯年、汤用彤、姚从吾、罗常培等，同住在青云街靛花巷北大文科研究所楼上。大家经常来往，交谈涉猎很广。傅斯年除主持文科研究所外，对研究明史也有兴趣。他与郑先生二人曾计划编写《明书》三十志，用五年完成，后因条件不容许，计划只好搁浅。

1940年年初，西南联大总务长沈履离校去四川大学，清华梅贻琦等人推荐先生继任，让汤用彤探询先生的意见。先生表示专心教书，致力于明清史研究，行政事务决不就。汤用彤也表示赞同。其实，先生南下后一直就有脱离行政、专心学术的想法。在长沙时，先生行政事务不多，得以安心读书授课。蒋梦麟仍然不时催促其兼管行政，他都尽力设法避开。到蒙自教学秩序正常后，先生即向蒋校长提出辞去行政职务，蒋表示谅解。当时先生曾邀请魏建功代刻杖铭二根，其一曰"指挥若定"，另一曰"用之则行，舍则藏"。罗常培见后，以"危而不持，颠而不扶"相讥，就是指先生坚辞不任行政事务而言，言颇切直。但是这次连罗也劝他不就，并说："君欲为事务专家乎？为明清史专家乎？"更坚定了他的决心。但是，联大常委会议已通过，聘书已送来。清华、北大负责人不断劝驾，且有"斯人不出，如苍生何"之句。先生虽多次上书说明不就任的原因："并非谦让，亦非规避，更非鸣高，诚以学殖日荒，思自补益"。但仍然无效。北大领导又以照顾三校关系为言，于是在是年2月先生应允就职。①

　　先生在昆明所写的两篇考证文章应该是提到的，因为它反映了郑先生深厚的考证功力。在长沙时，先生收到为张之洞编过遗集的张府幕友许同莘致孟森的信，回答孟森所问张之洞手翰中所称"燕斋"之人，大约是广东盐运使瑞璋。1940年6月，先生在昆明得见《张文襄书翰墨宝》，对"燕斋"进行了考证。经过仔细阅读比证，断定诸札所做年代，排除燕斋非瑞璋，推测瑞璋为蒋泽春，又补以5条证据说明假设成立。此篇为二千字的精粹之作，通过内证、外证结合考据成功的，其考证功力令人叹服。先生对这篇文章比较满意，他在晚年曾说："这就是在没有什么线索的情况下，如何找到线索，如何进行比证，从而得出比较满意的结论。这是最起码的考证方法，年轻人不能不知道。"②1939年，先生看到四川乐山《重修凌云寺记》拓本，该碑列衔第一名"□王驾前"四字，认为王字上划微低，疑当为主字，而□字当系"国"字，即"国主驾前"。从而证明孙可望不仅自号"国主"，所部亦以国主称之，所谓国主驾前，即可望麾下。

　　①著名历史学家何炳棣先生的回忆，可为此事做一有力注脚："1939年秋到昆明以后与清华办事处的几位'故人'偶尔谈及联大人事时，发现清华的人对北大校长蒋梦麟、教务长樊际昌皆不无微词，独对秘书长郑天挺的学问、做人、办事才干和负责精神都很钦服。所以我1940年2月得悉郑先生已同意继清华沈履为联大总务长的消息后，深信此后三校合作有了保障不是没有理由的。"见何炳棣：《读史阅世六十年》，桂林：广西师范大学出版社，2005年，第167页。

　　②郑克晟：《郑天挺先生与史语所》，载《新学术之路》，台北："中央研究院"历史语言研究所，1998年，第418页。

又结合其他碑记及史料，以正反两方面证明国主与"驾前"二字专属可望由来已久，可知孙可望早就专横跋扈。诚如郑先生所言："此碑虽微，顾有可补史籍之厥者。"该文根据残缺的碑记列衔文字的形体判定原字，又从碑记中提示的孙可望部将名，结合相关史籍，从一名称考出人物及相关制度和历史，可见先生敏锐的考证眼力。以上两文运用综合的方法考证问题，取得了考证学的成就。

20世纪40年代是先生科学实证研究清史的重要时期。他以民族间文化调融的视角考察清朝兴起的历史，写成《满洲入关前后几种礼俗之变迁》（1942）《清代皇室之氏族与血系》（1943）等长文。前文从渔猎、祭告、祭堂子、丧葬、殉死、婚嫁、薙发、衣冠等方面，论述了满族礼俗的变化及其与汉族的关系；后文主要运用考证方法，探讨了清代以满洲表部族、满族先世在元明之地位、爱新觉罗得姓稽疑、氏族与族籍、清代诸帝之血系、佟氏与汉人、清初通婚政策、选秀女之制，分析了满族与汉族的关系。这两篇论文虽也运用纯熟的考证方法，但旨在说明满汉民族关系、证明满族是中华民族大家庭中的一员。这些论文也是针对日本帝国主义侵占我国东三省制造"满洲独立论"有感而发，以使更多的人明白历史真相。八旗制度中的包衣制度是清朝的特有制度，先生《清代包衣制度与宦官》（1944）一文，全面深入地研究了包衣的性质、产生、来源、组织，以及入关后包衣与宦官的斗争。先生认为："读史之难，难于熟知史乘用语之当时含义，其杂有异文殊俗者为尤盛。"于是取清史习见满语加以诠释，成《清史语解》释词18条其中不乏排比众多史料，结合满语知识的细密考证之作，如土黑勒威勒、扎尔固齐、巴牙喇、巴图鲁、巴克什等条即是。这些名词是清代制度的称谓，借此可了解清初政治、军事等多方面问题。1945年，先生将有关清史的12篇论文结集，原想定名为《清史然疑》《清史稽疑》《清史证疑》，后来觉得还是《清史探微》响亮，故名，并交重庆独立出版社于翌年出版。"探微"除了表明先生的谦虚外，还表达了他以实证释疑求真的学术追求，这是先生治史的重要特点。他一生主张研究选题从大处着眼、小处着手，正是探微求真的反映。20世纪三四十年代，先生在北大及联大的学术研究成果是他的成名之作，先生时年40岁左右，正是学术研究旺盛与成熟的时期，符合文科研究的一般规律，他高超的考证技艺、广博的治学范围、清史领域专深的创造性研究，已蔚然成为大家。遗憾的是，由于光复不久的社会环境和1949年后学术取向的改变，致使该书的传播不够，学术影响受到限制。1947年，田希圣撰文介绍北大文学院时说："北大文学院是中国新文化运动的发祥地""是中国旧国学的研究室"。"这两句话同时说来并不矛盾"。"北大学术风气，不仅是'兼容并包'，而还能'专精独到'。无新不显旧，无旧何从新，北大能将新文化扶导培育而纳入正轨，北大能将考证辨伪再赋予生机。所以中外人士，一提到中国学术，便首推北大，一提到北大，便先把文学院赞扬一番"。①这一评价切中肯綮，先生的

---

①转自王学珍等主编：《北京大学纪事》上册，北京：北京大学出版社，1998年，第321页。

研究正是北大国学研究专精独到学风的重要代表。

在昆明期间，先生继续探讨西南边疆历史，多次应邀进行这方面的学术演讲。如1942年夏，在华山小学为云南省地方干部训练班做《明清两代滇黔之发达》演讲。1944年暑假，应大理县志编委会之邀，与联大、云大师生赴大理进行学术考察，并在大理三塔寺为干部训练班做《中国民族之拓展》演讲。1945年1月为云南文化界做《明代之云南》演讲。

1945年抗战胜利，给远离家乡的西南联大师生带来无比的喜悦。联大为筹划三校迁返平津，设置三校联合迁移委员会，聘请先生为主席。这时校长蒋梦麟已作行政院秘书长，9月初教育部任命胡适为北大校长，傅斯年为代理校长（实际上代至来年7月）。北大派先生赴北平接收。

六、重返京华

11月初，先生回到北平，得知长期帮助他照顾子女的弟弟已于是年春天去世，心中悲痛万分。他们最后一次见面还是在1937年弟弟逃难长沙时，未想到竟成永诀。

北大复校不延聘任何伪北大的教职员，伪北大的学生进行补习，期满发给证书后，可以转入北大各系科相当年级，北大予以收容。所以当时北平各大学一律改称补习班，合称北平临时大学。时教育部派陈雪屏为北平临时大学补习班主任，北大的接受从补习班开始。补习班分为8个，伪北大文、法、理、农、工、医六院分属1至6班，第2分班为文学院，由邱椿任主任，先生代理。北大成立校产保管委员会，由先生主持。1946年春,邱椿来平后,先生专在北大办事处负责复校。

1946年暑假,北大复校。这时的北大由原来的文、理、法三个学院,增加农、工、医扩充至六个学院,师生与校舍成倍增加。这年12月,史学系主任姚从吾离开北大,先生又代理系主任。当时校务丛集,加上物价飞涨,经费拮据,先生任重事繁。他还要讲授明清、清史研究、清代史料、历史研究法等课,只能利用晚上在家看书备课,每晚工作至深夜。

在光复的欢庆时刻,先生遭遇了重大的精神打击。他的长女郑雯是西南联大西语系的高才生,天真活泼,据说有校花之称,先生对她特别喜欢。抗战胜利时,郑雯已读完三年级,北大、清华、南开北上复校,改入清华西语系,准备以后出国深造。但飞机在济南上空失事,郑雯惨罹空难,年仅23岁。两三天后消息传来,先生深受刺激,为此以后不再记日记。

1947年,先生将汪篯调回北大史学系值得一提。1946年10月,陈寅恪因目疾难以复明,给先生写信,说道:"因目疾急需有人助理教学工作。"此时正在长白师院任教的陈寅恪的得意门生汪篯曾经多次给先生写信,希望"遇有机缘时,予以提携""名义、待遇,在所不计",以回到北大那令他难忘的优良学术环境。陈寅恪在北大文科研究所培养了汪篯、王永兴等隋唐史专家,为感谢陈先生对北大的情谊,也为了照顾他的身体,又为了给北大招揽人才,自然加上陈、郑两家的世交关系,先生想方设法把汪篯调回北大任史学系教师，而做清华大学陈先生的助手，薪金待遇全部由北大支付。①得陈寅恪真传颇具才华的汪篯，后来在北大的学术贡献引人注目。

1947及1948年，国内政争演变为内战。胡适自然站在国民党政府一边，但是在国民党与批评政治的学校师生之间，他还是保护学生并批评政府。1947年2月，胡适向学生保证，逮捕学生的事不会出现在北大，亲口保证他绝对负责保出北大被捕的学生。他甚至批评政府，不应当把学潮都归罪于共产党的宣传，他说大多数学生只是关怀国家的情势而已。②1948年4月7日，先生致函正在南京的胡适，报告与官方周旋抵制逮捕学生及劝导学生缓和事态的情况，曲尽学校在政府与学生之间的难处。其中先生对警备司令部欲逮捕的12名北大学生，在接到学校请同学转达逮捕名单与学校谈话的通知后先后均到场，向胡适称赞说"不愧北大学生"，③北大的学生而骄傲。他在报纸上看到国民大会通过建议政府加强"剿总"职权，学校均应配合"剿总"法令执行任务，马上给胡适拍去电报，表示不满。他说："北大有自由批评之传统，外间颇多误解，今后处境将益困难。……大学有其使命，学术研究应有自由，若无实际行动，在校内似宜宽其尺度。若事事以配合为责，奉行不善，其弊害不可胜言。"④

①郑嗣仁：《郑天挺与北京大学》，《北京大学学报》1998年第3期。

②［美］贾祖麟著，张振玉译：《胡适之评传》，海口：南海出版公司，1992年，第260页。

③《胡适来往书信选》下册，北京：中华书局，1980年，第378页。

④《胡适来往书信选》下册，北京：中华书局，1980年，第393页。

"大学有其使命，学术研究应有自由"一句，是重申蔡元培的办学原则，反对抑制北大学术自由的传统。为了学生的人身安全，办好北大，捍卫学术自由的传统，先生尽心尽力。当局为了对付风起云涌的学生运动颁布《戡乱治罪条例》，国民党特工人员在校内大肆活动，北平警备司令部下令逮捕学生，声称武装进校搜捕。学生也组织起来，针锋相对，形势严峻。为了声援学生，先生和上百名教授举行全体教授会议，发表宣言，决定罢课几天，以示抗议。先生对学生说："坚决不能让军警入校抓人，如果努力失败，将和其他教授一起，辞职抗议。"①迫使当局退让，避免了一场流血冲突。是年夏，国民党军队在华北逐渐失势，警宪决定做最后的镇压。暑假里发生了"八一九"大逮捕事件，不少学生被列入黑名单，登报通缉。先生则通知回家的学生注意看报，不要住在家里，保护了学生。这时胡适的态度也发生了变化，他告诉北大的学生，那些被传到刑事法庭的学生，必须认罪，不然即由校方开除。②

由于平津被解放军包围，12月15日胡适离京。北大校务由郑天挺、周炳琳、汤用彤三人小组负责处理。16日，傅斯年、陈雪屏从南京致电平津路局局长石树德，请其转告清华梅校长、师大袁校长、北大郑秘书长，安排接运人员南下，接运人员名单包括四类：各院校馆所负责人，因政治关系必

---

①戴逸：《我所了解的郑天挺教授》，载冯尔康、郑克晟编《郑天挺学记》，北京：生活·读书·新知三联书店，1991年，第362页。

②［美］贾祖麟著，张振玉译：《胡适之评传》，海口：南海出版公司，1992年，第261页。

离者，中央研究院院士，在学术上有贡献并自愿南来者。列为数批，机到即走。郑先生也在其列。当时先生决心留在北京，迎接解放。12月17日是北大50周年校庆，学校仍举行了纪念会。这时的北大师生既有感于先生对北大行政工作的杰出贡献，又担心他离校使北大瘫痪，18日，师生纷纷致函于他。郑昕、杨人楩、向达函称："弟等至此，亦无他意，唯愿我兄以北大为重，毋轻于言去。"北大史学会、地质系系会对其为北大师生的生活和安全尽了最大的努力，致以崇高的敬意和感谢，深信"您一定永远和我们在一起度过这危难的时期"。北大讲助会的函中写道："局势骤变以来，全校校务及师生安全端赖均座筹划保证，辛劳备至，敝会会同人兹特谨致慰问之忱。自胡校长南飞后，均座肩荷益形沉重，俾校务得顺利推进，师生安全得能完全保障也。"北大学生自治会的长信中盛赞他：在炮火连天中倔强地坚守自己的岗位，维护学校秩序，保障生活、安全和学习，您这种爱护学校、爱护同学的精神无上光荣，全北大同学不会忘记您，全中国人民不会忘记您。未过几天，学生自治会的代表以全体同学的名义，敬献给先生一面红绸锦旗，上题"北大舵手"四个字。先生成为北大百年校史上唯一获此殊荣的人，[①]深受鼓舞。30年代，北大毕业学生、后为清史专家的吴相湘教授1999年指出："二十世纪开始的五十年的中国一直是处于内乱外患连续不已的情势下，北京大学于三十年代'危城讲

①王学珍等主编：《北京大学纪事》上册，北京：北京大学出版社，1998年，第394页；郭建荣：《百年学府纪闻》（二），载《文史精华》，石家庄：河北政协出版社，1998年，第23页。

学、大义凛然'，教学研究与物质建设都是北京大学百年历史中空前光辉的。蔡元培及蒋梦麟、胡适诸位校长贡献至大，郑天挺秘书长则是在以蒋、胡校长为'船长'的'北大之舟'行进时的'舵手'，功在校史。他老人家在百忙中仍尽可能把握时间研究著述，《探微集》一册是具体成绩，实在难能可贵。值得今人效法。"①先生的学生冯尔康教授认为，先生在北大的工作，贯彻了蔡元培校长提出的"学术自由、兼容并包"的办学方针。②上述看法是符合历史实际的。这时华北城工部发给各机关人员文告，让大家好好保护人民财产。北大在全体师生的保护下，校产并未受到任何损失。

1949年1月，傅作义将军托邓宝珊将军出面，邀请北大汤用彤、周炳琳、先生及杨振声吃饭，探询教育界意见。大家认为必须保全北平，以民意为依归（意即和平解放）。过了几天，傅作义又约了更多的人在中南海座谈，大家仍如此表示。1月底正式宣告北平和平解放，当天下午傅作义召集各大学及其他机关负责人宣布此事，并说第二天早晨有飞机开往南京，愿走的仍可以走。先生毅然决定留在北平，保护校产。

2月，解放军入城，文管会召集各校代表开会，北大由汤用彤和先生参加。5月，文管会接管北大，成立校委会，

---

①吴相湘：《郑天挺师百年诞辰纪念》，《传记文学》1999年第75卷第2期。

②冯尔康：《从三个方面景仰历史学家、教育家郑毅生师》，载南开大学历史系、北京大学历史编《郑天挺先生百年诞辰纪念文集》，北京：中华书局，2000年。

任命先生为委员兼秘书长，并指定为常委会书记（秘书），仍兼史学系主任。1950年5月，他辞去秘书长工作，专任史学系主任和文科研究所明清史料整理室主任。北大校委会对先生服务学校之劳绩表示感谢，并请校委会主席致函郑先生慰劳。

1949年以后，先生讲授元明清史及中国近代史，他把精力都放在教学与研究上。1951年，由北大、清华历史系及中国科学院近代史所共同编辑《进步日报·史学周刊》（原《大公报》），他围绕近代史写了《"黄马褂"是什么?》（第25期）、《宋景诗起义初探》（第40期）、《辛丑条约与所谓使馆界》（1951、9、7）等论文，其中《宋景诗起义初探》一文后由德国汉学家贝喜翻译为德文，在柏林德国社会科学院东方研究所《通报》（1956年卷第1期）上发表。他还组织整理公布北大所藏明清档案，以供大家使用，主编了《明末农民起义史料》（开明书店，1953年）、《宋景诗起义史料》（中华书局，1954年）等书。短短的两年，回到教学与科研的先生就取得了如此成绩，引人注目。

正当先生专心利用北大及北京研究明清史最为有利的条件大展宏图的时候，发生了1952年全国高校院系调整，将清华大学历史系、燕京大学历史系并入北大历史学系，9月，院系调整北京大学筹备委员会发出正式通知，公布新北大负责人名单，历史学系主任为翦伯赞。先生则接到调往天津南开大学历史系的通知，他思想上波动很大。50多年来，他基本在北京生活，热爱北京，如到天津，就要与在京的子女分开，过孤单的生活，北京的清史资料浩如烟海，绝非其他地区所及。但是，经过郑重考虑后，他决定不考虑个人的生活及其他方面的变化，愉快地只身来津任教。

七、调入南开

先生对南开大学并不陌生。西南联大时期南开与北大在昆明联为一体，长沙临时大学的南开筹建者、联大的教务长、1952年担任南开副校长的杨石先教授与他曾是同事，南开历史系中国史的教授杨志玖、王玉哲是他在北大的学生。与先生于1952年秋同时调入南开历史系的还有原清华大学历史系主任雷海宗教授，雷先生曾是西南联大历史系的教授、系主任，与先生有过同事关系。而且，翌年他在北大的学生杨翼骧也调到南开历史系任教。他们的私人关系都很好，这样的人事关系和学术氛围对先生的"施政"和工作环境还是不错的，他在这里会得到很多温暖。

由于郑天挺与雷海宗的到来，南开大学历史系进入了新的发展阶段。南开大学早在1919年成立之初设立历史学门，1921年梁启超受聘讲授"中国历史研究法"，反响颇大。1923年南开大学把专修的学门改称为系，蒋廷黻担任系主任，刘崇铉、蔡维藩也于1924年、1930年先后来到南开大学。但是在1926年历史系改为副系，取消了它的独立性。西南联大的历史学系中，由南开聘任的教师有皮名举、蔡维藩、杨志玖等人。所以南开历史学科虽有长久的历史且有名师执教，但规模很小，不够正规。1946年，南开北返复校后重建历史系，发展很快，至1951年有教师11人，其中教授4

人、副教授3人，初具规模。先生来南开任历史学系主任兼中国史教研组主任，雷先生任世界史教研组主任。原北大与清华两校的历史学系主任如今为南开历史学系分掌中国史和世界史的帅印，极大地提高了南开历史系的学术地位，使之一跃而成为全国著名历史学系。院系调整给南开历史系带来了发展契机。

先生来津，也提高了天津历史学界在全国的影响。1952年，他担任《历史教学》编委，后为该刊撰写多篇论文。1953年，先生当选为天津市历史学会会长。他积极开展天津历史学的活动。

1953年，先生有可能调回北京工作。这一年，中共中央设立历史研究委员会，随后委员会决定在中国科学院成立上古、中古、近代三个历史研究所，需要调入一些著名的历史学家坐镇。希望先生到研究中古历史的二所工作，体现明清史研究的学术水平。但南开方面不同意既是名家又是系主任的郑先生调走，加上先生刚从北京调来，于是作罢。但是，社科院还是把南开历史系的另一位著名明清史专家、先生的好朋友谢国桢教授于1958年挖走了。

1952年暑假起，全国全面学习苏联的教学经验，进行教学改革。南开自然不能例外，先生负责起繁忙的教学行政工作。那时教研组的老师讲课，都要经过集体讨论讲稿或课前试讲的形式，大家互相提意见；教研组主任则凡逢教师上课，都必须亲自听课，不时指导。教学投入精力甚多。当时先生认真学习马克思主义，在坚持求真的历史主义实证研究方法基础上，更加关注历史学理论，从宏观的视野探讨问题，教学科研也发生了一些变化。50年代他开设了隋唐史、明清史、明史专题、清史专题、史料学等课程。史料学是学习苏联课程体系而设立的专门化课程，先生在如何与中国史料相结合的问题上，作出了可贵的实践和贡献。1954年，首次开设史料学课，主要讲授研究和利用史料的方法，配合明清史学习。1957年，先生对该课内容进行调整，强调理论性，课程分史料学的概念与任务、历史辅助学科、历史资料的来源、史料的搜集、史料的批判、史料的利用六章讲授，已形成了先生的史料学体系。他试图通过史料学课程教给同学整理史料的方法，归结起来就是"全面占有史料与史料批判"，史料批判就是批判的研究史料，分析史料的阶级性，推求史料的最初思想意图。他重视充分占有史料，认为这是研究的基本要求。他对学生说，积累资料没有两万张卡片不要写文章，要求青年人坐下来读书，在充分掌握资料后再写作，也就是说才算得上研究。全面占有史料，不是漫无边际、随心所欲的读书，而要讲求方法。先生提出初学者要精读一部书，以几部书作辅助，旁及他书，反复钻研，做到专精和博览相结合，有了扎实的基础后才能广泛联系，发现问题，进行研究。先生的史料学有理论体系，有丰富的例证，已成著作雏形。1954年的"明史专题"课上，他对明史的分期与特点提出了自己的见解：以土木之变和一条鞭法为标志，可将明史划分为三个阶段；明代是中国封建社会的后期，是经过长期分裂与少数民族统治后的一个统一时期，明朝是农民大起义之后建立的新王朝，明代是周边一些少数民族的发展由低级阶段进入高级阶段时期。这种纵通和横通结合的概括，高屋建瓴，实为津逮。同年开设的明清史课程，先生通过对元代的社会和土地问题、农民起义与秘密宗教的关系、朱元璋的评价等问题的分析，提出了诸多自己的见解。表现出不屈从于时尚、实事求是的精神，从不苟求于古人。[1]

先生参与并组织了50年代一些全国性的历史教学、研究工作。1953年9月，先生参加全国综合性大学会议，任历史组负责人，后在《人民日报》撰文谈教育改革的体会。1954年7月，参加全国高校文科教学研究座谈会，任历史组负责人。1955年，郑先生接受教育部委托，与武汉大学唐长孺教授主持编写了《中国古代史教学大纲》，受到教育界和历史学家的普遍好评。1956年，参加中科院历史研究所学术委员会会议，为该所学术委员。

1956年，经教育部批准，南开历史系成立明清史研究室，由先生负责。这是1949年后全国高校系统第一批建立的研究机构之一，明清史成为南开历史系重点专业发展方向。1956年起，先生开始招收明清史方向的研究生，至"文化大革命"前共招收了1956级、1959级、1961级三批七名研究生。1956年先生被评为一级教授。

1958年，先生也开始受到冲击。是年，《历史研究》第一期发表了他的重要论文《关于徐一夔的〈织工对〉》，50年代在有关资本主义萌芽的热烈讨论中，《织工对》是一篇

---

[1] 陈生玺：《史学大师郑天挺先生的宏文卓识》第三部分，载《清史论丛》，石家庄：河北教育出版社，1999年。

被引用的重要资料，但他叙述的情况是元末还是明初，是棉织业还是丝织业，并未形成一致看法。该文先从《始丰稿》按年分组编排的体例，判断收在第一卷的《织工对》应为元末之作。又从《织工对》所用词汇"日佣为钱二百缗"的"缗"字系元末一千钱的习惯用语，不用于明初称一千钱为一贯，以及从元明钞值的比较各方面看，论定《织工对》是徐一夔在元末所写，并以织工数目比例论定作品所述为丝织业状况。此文是考订史籍之作，运用了多方面的考证方法，显示了先生炉火纯青的考证技艺。正是凭借这种高超的技艺，解决了关于资本主义萌芽的大问题，可以说是"将旧国学考证辨伪再赋予生机"的范文。然而，是年3月，陈伯达提出"厚今薄古"的口号，批判重视史料、重视古代的学术传统，强调学术为现实政治服务。于是历史学界立即开展起一场轰轰烈烈的批判资产阶级倾向的斗争运动，所批判的内容主要有三方面："厚古薄今，只专不红；史料重于泰山，理论轻于鸿毛；把帝王将相描绘为历史的主人，对劳动人民创造历史的功绩轻轻抹杀；对烦琐考证津津乐道，把马列主义放在一边。"[1]先生自然成为南开史料学与考据学"白旗"的标志，成为被"拔掉"的对象。他的《关于徐一夔的〈织工对〉》一文变成现成的活靶子，有人批判该文："可以说是唯史料论治学方法的典型。全文引用了101条史料，花了

---

①人民出版社编辑部编：《历史科学中两条路线的斗争》"出版说明"，北京：人民出版社，1958年。

一万多字的篇幅，其目的不外说明一条史料。"①先生一度萌生退休念头。

八、常住在京

1961年3月，先生与杨生茂教授代表南开参加了教育部的文科教材工作。教育部决定大搞文科教材，当时历史组组长是北大历史系翦伯赞，副组长是尹达、周一良和先生，田珏任秘书。会议决定由翦伯赞和先生主编《中国通史参考资料》，由先生主编《史学名著选读》。因此，从是年夏到1963年夏工作基本完成，郑先生常住在京。这期间，不时回津给研究生上课。《中国通史参考资料》计划出版8册，这时印行6册，先生与南开明清史研究室同仁自编清史分册。《史学名著选读》印行5册，其他也接近完成。

在北京编选教材期间，先生与其他院校的史学家一起工作，关系极为融洽。他们经常谈心，交换看法，其中往返探研学术的信札很多，十分珍贵。部分信件收录在中华书局2002年出版的先生文集《及时学人谈丛》当中，由此可以看到他们的学术往来。四川大学缪钺教授当年选注《三国志》，他说："在选注过程中，关于选目取舍、注释体例等，先生曾与我多次通函，往复商讨，使我深受启发。"②厦门大

---

①人民出版社编辑部编：《历史科学中两条路线的斗争》，北京：人民出版社，1958年，第230页。

②缪钺：《怀念郑天挺先生》，载《郑天挺学记》，北京：生活·读书·新知三联书店，1991年，第32页。

学傅衣凌教授当年承担明史部分参考资料的主编，1962年12月1日郑先生致傅先生一信，告知明史资料出版事宜，并说："杨英《从征实录》拟名原不甚妥，今得新本确证原名《先王实录》，为之大快，校记在何处发表，蒙早见示。"[①]为傅先生他们的发现而高兴，并想进一步了解。先生一直怀念在京编写教材的美好时光。

在京期间，北京的不少学校和学术机关邀请他讲课或做报告。其中以去北大最多，应翦伯赞之邀，1961—1963年每年在北大历史系为明清史专业和近代史专业的本科生开"清史研究"专题课，每星期一个下午。1962年6月23日应北京师范学院历史系邀请做学术报告，题为《如何读书和研究历史》，"目的是要纠正当时史学界极左思潮，讲史料学，告诉学生学习历史要认真读书，指导教师研究历史要搜集史料、运用史料"。[②]先生晚年也回忆说："当时历史系学生看书很少，尤其对原始史料接触更少。因此我到处强调要认真读书，要做到'博、精、深'三字，即'博览勤闻'，'多闻厥疑'。同时我还强调要精读一本书。"这样的主张在当时有扭转时弊的作用。1962年他还到中央党校讲授清史，简明扼要讲解了清朝入关后到鸦片战争前这一时期的政治、经济、文化的情况，讲稿后以《清史简述》为名，由中华书局于1980年出版。该书虽然仅有六万字，却是对清史的整体说明，是

---

①傅衣凌：《敬悼郑天挺先生》，载《郑天挺学记》，北京：生活·读书·新知三联书店，1991年，第12页。

②成庆华：《怀念先师郑天挺同志的教诲》，载《郑天挺学记》，北京：生活·读书·新知三联书店，1991年，第97页。

清史入门的必读书。他以摊丁入亩将1840年的清史划分为前、中两期，认为清朝所处的时代有六个特点：是中国封建社会的晚期，不是末期；是孕育着资本主义萌芽的封建经济继续发展的时期；是满族封建社会的上升时期，并给中国封建社会带来了新的活力；是多民族统一国家的巩固和发展时期；是抗拒殖民侵略进行斗争的时期；是中国历史上最大一次农民战争以后的一个朝代。

1962年，先生在南开大学学术讨论会上做《清入关前满族的社会性质》的报告，随后在是年《历史研究》第6期刊载。当时清史学界对清入关前的社会性质有不同看法，或认为是奴隶社会，或认为是从氏族社会飞跃到封建社会。先生则提出，满族经历了奴隶社会而进入封建社会。

1961年下半年，根据中央指示和《教育部直属高等学校暂行工作条例（草案）》即高教60条，调整了党与知识分子的关系，强调团结一切可以团结的知识分子。南开大学历史系的领导也进行了调整，是年底，魏宏运任历史系总支书记，杨生茂、杨翼骧任历史系副主任（此前吴廷璆任历史系副主任）。在这种背景下，1963年3月先生被任命为南开大学副校长。

1963年9月，先生又到中华书局参加《明史》标点工作。由于长期不在学校，他于1964年夏辞去了历史系主任，由吴廷璆教授担任系主任。

南开大学历史系成立明清史研究室后，最主要的科研项目是在郑先生的主持下标点、校勘《明史》，这是国家点校廿四史项目之一。原由林树惠、朱鼎荣、傅贵九三位先生担任初点，再由郑先生全面复核改正。后来郑克晟、汤纲和王鸿江三位先生也参加部分工作。但由于先生事情太多，难以专心点校。其他各史的点校也多类似。为了尽快完成廿四史的点校，中华书局决定将各地的专家集中该局，全力以赴。于是郑先生赴京点校《明史》。当时参加点校廿四史的学者还有武汉大学的唐长孺、陈仲安，山东大学的王仲荦、张维华、卢振华，中山大学的刘节，北京师范大学的刘乃和，吉林大学的罗继祖，山西教育学院的王永兴，中国社会科学院（科学院）民族研究所的冯家升、翁独健，中央民族学院的傅乐焕，还有汪绍楹。先生等外地来的学者基本上住在北京复兴门外翠微路中华书局工作，大家每天见面，畅谈学问或逸闻趣事，也加强了友谊。罗继祖先生晚年想起郑先生及翠微旧侣，仍留恋那一段生活。先生根据《明史》的具体情况，校勘工作的重点放在本校，纪与传校，传与传校，纪与志校，同时也使用他校法。据林树惠先生回忆，1965年秋，明清史研究室的大部分人去参加"四清"，仅留他和郑克晟先生搞《明史》校记。1966年3月，先生给他们一封信，具体指导这一工作，为我们留下了先生关于整理古籍和校勘方面的主张。信中说："校记的分量、条数，要看实际情况。如经过细心校勘，并无几条，自不能加。怕的是一时大意我们没看出来，而让旁人指出来，这是对人民不负责，切须注意。志表校勘，《明史》本身的歧义可能多一些，要注意整个记载的同异，不要只看名词数字。参校书籍不要求多，而要求一本书校到底。《食货志》可参校日本人和田清的译注及《图书集成·食货典》的《明史·食货志》稿。《译注》

科学院有，找不到就算了。《艺文志》可参校《千顷堂书目》及焦竑《国史经籍志》，以《千顷堂书目》为主，焦书不校亦可。《刑法志》参校《明律》或《唐明律合编》，以一种为限。表参校《二十五史补编》里面的二三种。这样已很够了。切忌有几条参校很多书，而重要的反漏了。从来"博"与"渊"是连着的，抽几条不是关键问题，烦琐征引以炫博，在明眼人看来正是陋，而且是不负责。"①先生在校勘古籍方面主张少而全的负责精神，反对"博"而漏的做法。

1966年，先生应邀在中央档案馆明清档案部做《清史研究和档案》的报告，讲解了清代的历史档案及1949年前的整理状况，强调"离开档案无法研究历史""历史档案是原始资料的原始资料，应该占最高地位"，并号召"以整理历史档案带动清史研究"，还谈了历史档案资料的特点和利用档案需注意的问题。②该文对利用档案研究清史做了很好的说明。

由于先生的学术地位，他经常被邀请参加座谈会，发表意见。1965年吴晗《海瑞罢官》剧本问世，中央不时开会讨论。一次关于"清官"的座谈会上，他在揭露了"清官"不清的事实后，也谈到了地主与农民在一定时期可能有共同利益，如兴修水利即是如此。会后去吃饭时，冯友兰先生对他

①林树惠：《郑老是怎样指导我们校〈明史〉的》，载《郑天挺学记》，北京：生活·读书·新知三联书店，1991年，第143页。
②载《历史档案》1981年第1期，收入《清史探微》（北京大学出版社，1999年）。

说，他此例有"合二而一"之嫌，当时正在批判杨献珍的"合二而一"论，作为哲学家的冯先生对此很敏感。先生听后深悔自己"言多必失"。[1]点校小组同人闻知，亦心惊肉跳。新华社记者来中华书局嘱大家写论清官文章，皆不敢应，先生推诿不过，[2]他的《关于清官》[3]就是在这种情况下写的。他指出，清官也是官，属于封建地主阶级，清官的出现和宣扬是阶级斗争尖锐化的反映，封建时代贪污的普遍存在是他的根源；统治者宣扬清官是为了实际需要，但皇帝也有不信任的一面，清官与贪官有斗争，清官与清官也有矛盾。关于清官的历史作用必须具体分析。先生虽用阶级分析的方法，但不绝对化，不走极端。在当时，他的这些看法是相当客观、公允的，其实是不同意姚文元在前一年底《评新编历史剧〈海瑞罢官〉》中批判吴晗否定清官的论调。

1966年5月，随着《五一六通知》的下发，"文化大革命"开始了，矛头指向"资产阶级学术权威"。先生奉命回校，此时《明史》的点校尚未完成，6月8日他只好离开中华书局。

九、回到津门

1971年后，先生也被容许到历史系中国史组学习。他开

---

①郑克晟：《我追随郑先生研读点校本〈明史〉三校稿》，载《南开学报》1999年第4期。

②罗继祖：《蜉寄留痕》，上海：上海古籍出版社，1999年，第257页。

③载《文汇报》1966年2月14日，收入《探微集》（中华书局，1980年）。

始注意清代边疆问题的史料。先生对清入关前的历史研究有素，又久治古代地理。有的先生建议刚留校的李喜所先生写一篇史料丰富、论述周详、说服力强的论文，以驳斥日本一些人在钓鱼岛问题上的谬论。先生还教他如何利用工具书查找资料，找到资料如何分类、如何使用。后来又给李的写作提纲提修改意见、指导修改论文。为了提高近代史教师对基本史料的把握能力，在李义佐和陈振江先生的请求下，先生又为他们讲近代史料，每周两次。尽管如此，李先生感到先生的教诲终身受益。①

　　廿四史的点校工作在70年代又重新开始。1971年，中华书局致函南开再次要求先生进京继续点校《明史》，但是南开历史系没有同意，致使他失去了最后参加《明史》点校的机会。然而负责这项工作的赵守俨、王毓铨、周振甫先生仍然不断与他联系，希望他对《明史》三校多提意见，以使点校工作顺利完成。1973年春，先生审阅《明史》三校稿，他不计较得失，仍然兢兢业业地工作，认真提出了一些重要建议，完全是出以公心。廿四史的点校无名无利（不列点校人，无稿费），参加这一工作的诸位先生从无怨言，一切从工作出发，令人钦佩。先生在此期间所记的"复校异议"工作本保留下来，有百余页。据郑克晟先生介绍，内中全是对三校校样的意见，主要是关于断句、关于《明史》原文之径改问题、关于校记所引史籍等方面的看法。他的意见都是以

198

①李喜所：《郑先生对我学术研究的潜移默化》，《南开学报》1999年第4期。

"建议""似"等商量的口气提出的，既认真负责又非常虚心。复校工作进行了半年多。

历史系于1971年开始编写《中国古代史》，1973年、1974年历史系又受人民出版社邀请，分别编写中国近代史和中国古代史的教材。先生当然不能主持其事，不过根据别人的请求也加以帮助和指导。如负责中国古代史的刘泽华先生在写作过程中遇到问题多次向他请教，一部分稿子也请他审阅过。对于风靡一时很伤脑筋的政治"理论"，先生极为谨慎，叮嘱他：下笔要有证据，说话要留有余地。这种谨慎起了降调的作用。1975年陈振江、李喜所先生参加的合编《中国近代史知识手册》定稿，先生担任终审，他认真负责，强调核对史料。

十、壮心不已

1977年中国恢复高考制度，1978年实行高考全国统一命题并恢复招收研究生，高等学校走上正轨。先生于1978年招收了"文化大革命"后首批3名明清史方向的研究生，心中非常高兴，决定在有生之年再为国家培养出更多的有用人才。这以后又连续招了三年研究生，并为他们开设了"清史概论""清代制度""明清史研究"等课程。这些课，有的每周一次，每次两小时，也有时增加一次。1981年10月28日，先生指导的首批3名研究生举行毕业论文答辩，他请来了北京大学的商鸿逵、中央民族学院的王锺翰、中国人民大学的戴逸三名著名清史专家，学生顺利通过答辩，毕业论文受到好评。

1979年9月，先生受教育部的委托，在南开大学主办明清史进修班。来自高校的11名教师参加了进修班，历时半年。为了该班的教学，他主编了《明清史资料》作为教材，该教材分二十多个专题探讨明清时期的重大事件、人物和制度，每个专题下提供原始资料、近人论述、论文索引和年表等内容，对掌握明清时期重大历史问题很有效。由天津人民出版社于1980年出版。该书还受到海外学者的重视，如韩国于1983年在汉城成立明清史研讨会，每两周一次，主要读史料，1984—1987年即读了《明清史资料》。除了风雨无阻地授课外，他还组织大家到沈阳、承德、西陵等地考察明清古迹遗物，增加感性认识。先生兴致很高，在参观西陵途中向大家讲述明清的掌故和各种事情，使同行者收获很大。

1979年南开大学校庆60周年，郑先生向科学报告会提交了《清入关前满族的社会性质续探》一文，进一步完善了他在1962年所写论文的观点。

主持《中国历史大辞典》是先生晚年的一项重要工作。1978年，中国社会科学院历史研究所提出组织全国历史学界编纂一部《中国历史大辞典》，社科院聘请先生担任总编。1979年4月"全国史学规划会议"在成都召开，这一项目正式列入计划。先生对这项工作极有兴趣，他在1949年前就有意编纂一部中国历史辞典，由于条件不足，难以实现。1958年他在南开历史系又提出过建议并得到了热烈响应。由于时世多变，参加者不断变化，断断续续搞了一年多，最后终因无法掌握自己的命运，而不得不中途而废。当社科院历史所倡议此事，他积极支持，也是实现他的夙愿。这项工作巨大，直至他逝世，投入了很多的精力。在1979年第1次编委会上，他把编辑这部辞书作为史学界继往开来的大事提出，看作是文化建设的一项重要任务。在筹备初期，先生和其他几位负责人就主张辞典的规模要"大"，旨在赋予辞书强大的生命力。他说："这部书成败的关键和基础在于：一定要拟出全面、系统、准确的辞目总表；要比其他辞书增加大量的新辞目；要作好辞条的编写和定稿工作，要把住质量关。"①他对组织作者队伍曾风趣地说，这部辞书要"中年为之，老者安之，少者怀之"，即把中年作为写作的主力，以老专家把好关，使辞典成为青年人的良师益友。先生逝世后，《中国历史大辞典通信》编辑部悼念文章说："辞典编纂工作草创之始，他欣然担任了总编，亲自参加了第一个编辑体例的拟定工作。此后，在一九七九年十一月、一九八〇年八月、一九八一年五月召开的天津、太原、上海三次编辑工作会议上，他不顾工作繁忙、身体劳累，以八十多的高龄，亲自参加并主持了会议。在每次会议上，他都作了精辟的发言，为编辑工作解决了疑难，指出了方向，振奋了与会者的精神，鼓舞了大家的干劲。特别是在最后一次即八一年五月十四日的上海会议上，他提出的《中国历史大辞典的现代化问题》的三项原则（以马克思列宁主义、毛泽东思想为指导，反映最新科学水平，加快速度），更使我们受到教育和

①刘泽华：《忆郑天挺教授与〈中国历史大辞典〉》，《南开学报》1999年第4期。

鼓舞。"对他在辞典上的功业评价中肯。目前卷帙浩繁的《中国历史大辞典》14个分卷及合订本已经出版。

1980年3月，中国史学会恢复活动，并在北京召开大会，选举领导机构。新的组织采取主席团制，五大主席团成员轮值。先生这位史坛耆宿以最多票数当选为常务理事、主席团成员，并于次年5月接任主席团执行主席。他对史学界的拨乱反正、树立良好学风发挥了一定的作用。

是年8月，先生在南开发起并组织了明清史国际学术讨论会，共126名学者与会，不乏海内外一流的明清史研究大家，会议收到92篇论文。这是改革开放以来中国历史学界第一次大型国际学术研讨会，会议取得成功，还出版了大部头的学术论文集，影响很大。郑先生向大会提交了《清代的幕府》一文，就幕府的来源、地位、政治作用及发展状况都做了宏观说明。其中分14个方面具体考察幕客的来源，十分细致。而把清代幕府的发展划分为三个阶段，也是首次。这篇论文由《中国社会科学》发表于1980年第6期。为了促进国际的学术交流，这次会议还通过决议，倡议筹建国际明清史学会，筹备机构暂设南开。会后，先生又计划在南开设立明清史研究中心，并同教育部部长蒋南翔谈及此事，准备正式向教育部申请。遗憾的是，由于先生的病逝，这些计划都未能实现。

先生一生重视教学，即使是承担繁忙的行政工作也没有放弃过。直至晚年不仅为研究生授课，还为本科生开设选修课。1980年下半年，77、78两级学生进入高年级，开始选修专门化的课程。恢复高考以后，学校百废待兴，教师也面临着进修业务、加强研究、开设高水平课程的要求。历史系领导号召教师都开选修课，以适应教学需要。先生不顾年迈，于1981年2月开设了"史学研究"一课，在他的带动下，历史系的教师纷纷开课，教学呈现出兴旺的景象。这是他一生最后一次上讲台。笔者对他强调历史研究要求真求用，[①]至今记忆犹新。1981年夏天，先生参加了国务院学位委员会会议，担任历史组组长，在会上评议出全国第一批招收博士研究生的导师。

1981年10月，教育部同意先生鉴于自己年迈辞去副校长的请求，改任顾问。南开大学为杨石先校长和郑先生一起举办了庆祝执教60年的大会，并请教育部的领导及西南联大、南开校友参加。郑先生决心"身处第二线，心怀第一线"，把南开的教学和科研工作搞得更好，真可谓"老骥伏枥，志在千里；烈士暮年，壮心不已"。然而，1981年下半年，先生的工作特别多，会议不断。郑先生身体素健，很少得病，因而对自己的身体健康估计过分乐观，不免有所大意。11月26日，他进京参加全国人民代表大会，12月13日会议结束，第二天回津，已患感冒。17日住进医院，或许也因为没能得到最好的治疗，20日清晨突因上呼吸道衰竭，不幸病逝。国务院副总理方毅、教育部部长蒋南翔等来电悼念，先

---

①关于郑先生的史学思想，可参见拙文《历史研究在于求真求用——郑天挺教授与北大》，载汤一介主编《北大校长与中国文化》，北京：北京大学出版社，1998年。

生给人们留下了无尽的哀思。①

先生的后半生是在天津度过的，是在南开园度过的，他为南开的教育事业，为南开历史学的建设和发展贡献了最为成熟时代的年华。在他的领导下，南开大学的历史学与国内素享厚望的几所大学的历史学并驾齐驱。即使如此，一向谦虚持重的郑先生在生命的最后几年还敏锐地一再指出，南开的中国古代史没有形成自己的特点，我们的危机只有用专深的研究来补救，提出横向深化和纵向深化相结合、以纵向深化为主的建议，希望培养自己之长，鼓励人们进行学问上的开始，要勇于创新。②遵照先生的教诲，尚未立身的一些中青年学者检查了自己的研究方向，并为历史系的发展制订了新的战略。郑先生的弟子们没有辜负老师的期望，短短几年就做出了重要的学术贡献，以横向深化来说，冯尔康教授的《雍正传》（1985年）、郑克晟教授的《明代政争探源》（1988年）、陈生玺教授的《明清易代史独见》（1991年）都是横通专深之作，饮誉明清史学界。而就纵向深化来讲，在80年代前期，冯尔康先生倡导的中国社会史、刘泽华先生倡导的中国政治思想史暨政治文化的研究，如今已成为南开历史系的特色。可以告慰先生的在天之灵了。

①如著名历史学家何炳棣说："接到南开准备为郑先生出一本纪念文集的通知之后，我极用心地赶撰了一篇有'革命'原创性的长文'鱼鳞图册编制考实'，聊表对这位当代'完人'的尊敬和爱戴。何炳棣：《读史阅世六十年》，桂林：广西师范大学出版社，2005年，第170页。又，该文收入冯尔康、郑克晟编：《郑天挺学记》，北京：生活·读书·新知三联书店，1991年。

②刘泽华：《教诲谆谆多启迪》，载《郑天挺学记》，北京：生活·读书·新知三联书店，1991年。

1999年9月1日，由北京大学、南开大学及天津社联在津隆重举行了"郑天挺教授诞辰百年纪念会"，同时进行了郑先生塑像揭幕仪式。雕像采用四川产汉白玉，象征先生一生廉洁自律、清白无垢的崇高人品，底座的泰山产墨色花岗岩，表示郑先生一生成就卓著、功追泰山。南开历史系60年代的学生、雕像捐献者王成彬教授说，给郑老雕像，就是要塑造一种精神，就是要塑造一面旗帜。他的话道出了先生学生的共同心声。中华书局出版了《郑天挺先生百年诞辰纪念文集》。1999年也是北京大学百年校庆，北大出版"北大名家名著文丛"，以反映本校知名学者的学术成就，先生的《清史探微》作为学术精品列入其中。这些都是人们对先生学问、事功与人品的充分肯定。

（附：此稿作于1999年年底前后，得到了郑克晟老师、冯尔康老师的帮助，2008年春，又对原来的文字略作删减、订补与说明。天津人民出版社2001年出版的《近代天津十二大学人》文后列参考文献，收入本书恢复了原稿的页下注，但部分内容有删节。）

深切怀念陈捷先先生

我敬仰的陈捷先教授于2019年3月18日在加拿大温哥华寓所逝世，享年87岁。惊闻噩耗，悲从中来。先生是国际著名的满学与清史学家、东亚族谱学家、方志学家，享誉学术界。先生致力于中外的学术交流，事功卓著。先生与业师冯尔康教授为扬州同乡，年龄相仿（冯师小两岁），二人治学方向相近，结为挚友。先生受聘为南开大学客座教授，贡献良多。我因业师的关系，结识先生，视同老师，惠我实多。先生才华横溢，热情爽朗，奖掖后学不遗余力。先生的音容笑貌重新浮现眼前，让我想起了与先生交往颇受恩惠的种种往事。

一、族谱学拙稿承蒙谬奖

我受冯尔康老师的影响，研究生阶段接触中国族谱，已知陈捷先教授是研究亚洲族谱的著名学者。陈先生是台大历史系教授，出任过系主任、历史研究所所长。他的社会兼职较多，如1980年协助联合报系创立国学文献馆，兼任馆长，在他的计划下，除了收集散失在海外的古中国族谱资料，还大力开展族谱研究。从1983年发起召开"亚洲族谱学术研讨会"起，至1996年共举办了九届。第九届亚洲族谱学术研讨会又名"海峡两岸族谱学术研讨会"，[①]1996年8月在江苏扬州举办，南开大学历史系是合作方，我协助冯老师办会，第一次见到了陈先生，被他的"高大帅"与组织才华所吸引，看到学者对陈先生的尊敬态度，便知他在这些学者中的崇高地位。陈先生向会议提交的论文为《简介两部古朝鲜汉文族谱》，我的论文则是《元人文集族谱序跋数量及反映的谱名与地区分布》。1984—1996年，陈先生主持出版了第一届至第七届的"亚洲族谱学术研讨会会议记录"专书，成为族谱学研究的重要学术成果。

我在族谱学研究上受惠陈先生，首先反映在1998年由上海人民出版社发行的拙著《宗族志》一书。该书第四章《族谱》实为中国族谱编纂简史，除了自己的研究成果外，我的写作综合了学界的众多论著。其中参考了陈老师的两篇宏文：《唐代族谱略述》不仅勾勒了唐代族谱学的面貌，使用了一些新资料，实为开创性的论文；《清代"谱禁"探微》在文献学家杨殿珣先生研究的基础上，向前推进了一大步。[②]正是由于吸收了陈老师等学者的成果，保证了拙著的学术质量。

陈先生也是华人研究朝鲜族谱的开创性学者，他的三篇

---

①常建华：《族谱与社会》，《国际学术动态》1997年第4期。

②陈捷先：《唐代族谱略述》，载《第一届国际唐代学术会议论文集》，1988年；《清代"谱禁"探微》，《故宫学术季刊》1983年第1卷第1期。

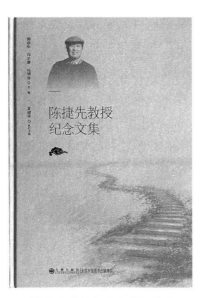

《陈捷先教授纪念文集》封面

大作，①是我2005年由天津古籍出版社发行的《朝鲜族谱研究》一书的重要参考文献。我在该书前言中提到自己研究朝鲜族谱的经过："我注意到中国保存着一些韩国族谱，韩国保存的本国族谱更多，朝鲜时代的族谱都是用汉文写成的。我也知道目前已经有一些韩国学者从事族谱研究，也有个别中国台湾学者和美国、日本学者研究。然而中国大陆基本上还没有人研究韩国族谱，应该补充这一空白。我有兴趣进行韩国族谱研究，以便同中国族谱进行比较，并且进一步扩大对亚洲族谱的认识。感谢韩国高等教育财团为我提供了研究韩国族谱的机会，我的《朝鲜族谱研究》课题得到了财团批准和资助，得以在2001年9月至2002年9月滞留韩国一年进行学术研究。"拙著出版前，我向陈先生请序，陈老师十分爽快地答应，很快寄来。我在书的

①陈捷先：《中韩族谱比较研究》，载《中日韩文化关系研讨会论文集》，台北，1983年；《略论中国族谱学对韩日琉越汉文族谱的影响》，载《第一届中国域外汉籍国际学术会议论文集》，台北，1987年；《韩国〈新安朱氏世谱〉读后杂记》，载《第七届亚洲族谱学术研讨会会议记录》，国学文献馆，1996年。

后记中说道："特别需要感谢的是台湾大学名誉教授陈捷先老师，他不仅强有力地倡导中国族谱研究，还是华人中率先也是最重要的朝鲜族谱研究者，推动了亚洲族谱的研究。自己研究朝鲜族谱，首先是从陈教授主持的'亚洲族谱研讨会会议记录'七册论文集了解到学者特别是韩国人对于传统族谱研究的。陈教授是学术前辈，更是我多年来仰慕和钦佩的族谱学家，本书出版前，我向陈老师请序，陈老师在百忙中赐予序文，并对我鼓励有加，令我十分感动。陈老师的序文也是优美的书法作品，我将珍藏纪念。"

研究中国及韩、日、越汉文族谱的学者，受到陈老师影响的不少，他对亚洲族谱研究的贡献有目共睹。2017年，台北的三民书局出版了陈老师的《族谱学论集》，该书分为三编，甲编收文12篇，乙编收文5篇，丙编收文4篇。我认为这部书是族谱学非常有价值的专著之一，应当引起学术界的高度重视。

陈老师向南开大学历史系捐赠了一批书籍，其中有关族谱学方面的，如第一届至第七届的"亚洲族谱学术研讨会会议记录"，还有盛清沂先生主编的《中国族谱序例选刊》初辑10册，成为南开历史学藏书的亮点，为研习族谱学提供了重要的参考资料。

二、实现清史圆梦之作

陈先生是满学与清史研究的领军人物，他于1956年毕业于台湾大学历史系，1959年获台大历史研究所硕士，硕士论文《满洲丛考》由李宗侗、广禄两位教授指导，列入台湾大学《文史丛刊》，于 1963 年 6 月出版，故而陈老师成名甚早。此后学海出版社自 1977—1987 年出版了陈老师《清史杂笔》一至八辑，陈老师同时从事满文档案研究，出版《满文清实录研究》（台北：大化书局，1978 年）、《满文清本纪研究》（台北：明文书局，1981 年）、《Manchu Archival Materials》（台北：联经出版社，1987 年）、《The Manchu Palace Memorials》（台北：联经出版社，1988 年）等书，奠定了满学与清史学家的地位。此后，又有《清史论集》（台北：东大图书股份有限公司，1997 年）、《蒋良骐及其〈东华录〉研究》（北京：中华书局，2008 年）、《满清之晨：探看皇朝兴起前后》（台北：三民书局，2012 年）、《透视康熙》（台北：三民书局，2012 年）、《青出于蓝：窥雍正帝王术》（台北：三民书局，2017 年）、《以史为鉴——漫谈明清史事》（台北：三民书局，2016 年）等著作不断问世。陈老师也致力于写作雅俗共赏的普及读物，如他独立完成清帝的"写真"系列。陈老师的满学与清史著述，不仅在学术界有很大影响，而且在社会上也影响很大。

陈先生促进海峡两岸清史学界的学术交流与合作，如组织两岸学者合作出版《清史事典》12 种，每种的承担者如下：努尔哈赤（陈捷先）、皇太极（杜家骥）、顺治（宫保利）、康熙（王思治、冯尔康）、雍正（庄吉发）、乾隆（常建华）、嘉庆（杜家骥、李然）、道光（余新忠）、咸丰（庄吉发）、同治（刘耿生）、光绪（刘耿生）、宣统（陈捷先），这套书于 2005—2008 年由台北远流出版公司分批发行，后来大陆又出版了简体字版。这是第一部结合传记、年表、辞典的工具书性质读本，书末还附有"后妃表""子女表""年代对照表""辞条索引""译名对照表"等，以便读者查阅检索，内容设计很有巧思。

《清史事典》中有半数是南开学者承担，可见陈老师与南开学者的友谊及信任。我则承担了《乾隆事典》一书，这部书达成了我多年的一个愿望。我在《乾隆事典》的后记中写道：

> 大学与研究生时代上冯尔康老师的清史课程，老师讲了有关雍正皇帝及其时代的专题研究，得知老师出版《雍正传》，当时有些学者研究康熙而专门关注乾隆的人很少，我想何不顺着老师的研究继续探讨乾隆帝及其时代呢？于是开始关注乾隆时期的历史，自己的研究生学年论文写的就是乾隆朝蠲免钱粮的论文，而且还发表了，算是与乾隆帝有缘分吧。由于乾隆朝的史料实在丰富，需要研究的课题太多，自己感到力不从心，加上有其他研究爱好与任务，不能全力以赴投入精力研究乾隆。不过自己尽力而为，还是写了有关乾隆时代的五六篇论文。

> 感谢陈捷先教授的"清史事典"计划，使自己有机会圆了学生时代的梦想，全面叙述了乾隆时代的历史，这或许印证人们常说的一句话："不怕做不到，就怕想不到。"

所以，《乾隆事典》是我的圆梦之作。

陈老师晚年对于清前期历史的研究也多有开拓性的贡献，如侧重于从社会文化的角度看待清帝。我印象深的有几篇陈老师的大作，如1999年8月31日—9月2日，南开大学为纪念校庆80周年和著名历史学家郑天挺教授百年诞辰，主办了"明清以来中国社会国际学术讨论会"，陈老师应邀出席会议，提交重要论文《康熙与医学——兼论清初医学现代化》，分析了康熙对中西医学的认识，指出康熙重视西洋医学，但未能以政令普遍推行，致使医学现代化不能成功。这是有关康熙时期中外文化交流的新论，应允在南开大学中国社会史研究中心主办的《中国社会历史评论》第二卷（天津古籍出版社，2000年）发表，为会议与刊物增色不少。

近年来，我对于康熙帝的艺术与物质文化感兴趣，也写了几篇关于康熙帝书法问题的论文。后来才发现陈老师很早就有相关论文。清史学界20世纪80年代末的一些研究南书房的著述，较早触碰康熙皇帝书法活动。正式就康熙皇帝书法活动进行研究始于陈捷先老师，他的《康熙皇帝与书法》（《故宫学术季刊》第17卷第1期，1999年秋季号）一文提出了不少重要的问题：如利用满文档案，注意到"有一位名叫梅玉峰的官员，他可以仿写康熙皇帝的字，到了可以乱真的地步，皇帝也极为赏识他"。再如指出康熙皇帝"也希望他的儿子勤练书法，以皇太子胤礽而言，就可以得到证实"。又如指出："康熙皇帝因为重视书法，他常以臣工写字好坏来决定他们的前途。"还指出：康熙皇帝"他的绝大多数墨宝，是由他自己赠送给当时的王公大臣、士绅百姓以及一些僧道人士，还有某些特定场所了"。我也写过《康熙朝大内善刻能匠梅玉峰》（《紫禁城》2012年第5期）探讨五台山与山西巡抚噶礼御书楼刻石，华山华阴庙、西安广仁寺与万寿亭刻石，大内刻书与梅玉峰三个问题。没想到陈老师早我十几年已经关注梅玉峰这个人了！陈老师《康熙皇帝与书法》一文开创性的研究，应当受到清史学界更大的重视。

三、一本杂志与两次祝寿的情谊

台北联合报系创办有印刷精美的历史普及性杂志《历史月刊》，陈捷先老师长期担任总编辑。陈老师鼓励我们年轻学者投稿，还共商组织专栏，因此，我在《历史月刊》发表多篇文章，算起来有12篇之多，锻炼了我写普及性文章的能力。南开研究社会史的学者较多，陈老师希望组织一些这方面的选题，他与冯老师同我协商一些专题，我们组织了社会史方面的三个专题，一是女性史的，《历史月刊》1996年第12期集中刊出，我写了《明清劝善书中的戒娼》（署名萧驷）、《中国娼妓史研究概述》二文，翌年第1期我又发表《论宋代"营妓"》①一文；二是灾荒史的，1997年第5期集中刊发，我写了《禳灾之俗述丛》（署名萧驷）、《中国灾荒史研究述略》二文；三是老年史的，集中刊发于1997年第6期，我写了三文，即《中国古代对老年的界定》②《中国古代礼遇老年的制度》《中国古代的老人与乡村治理》（署名萧驷）。还组织了一次人物传记的，1997年第8期集中刊发，我发表了《中国族谱的人物传记》《中国地方志人物传记述评》（署名萧驷）二文。此外，我还发表了两篇女性史的文章，即《出身皇家的悲剧：易代之际的崇祯长平公主》（1997年第11期）、①《中国古代的节娟》（1998年第3期）。

上述文章中，有三篇被美国纽约华文《世界日报》转载，产生了很大的社会影响。特别是老年史那一组的《中国古代对老年的界定》《中国古代礼遇老年的制度》被著名社会学家蔡文辉《老年社会学》（台北：五南图书出版公司，2003年）作为附录文摘，这个专题中我的同事闫爱民教授的文章《中国古代老人的怡乐会社》也在附录之列，可见我们这个专题在中国老年史研究方面还是有学术价值的。我写女性史的文章较多，后来收入拙稿《婚姻内外的古代女性》（北京：中华书局，2006年）下编，我在书的前言中说："这5篇文章均发表在台湾刊行的《历史月刊》杂志上，在此也向这份雅俗共赏、图文并茂、品质优良的刊物表示由衷的感谢！"表达了自己的心情。

2002年陈先生七十大寿，不少朋友愿意为先生祝寿，南开的朋友想到陈老师与冯老师的深情厚谊，更愿意为两位老师一起祝寿，学者采取的祝寿最佳方式可能莫过于举行学术研讨了。于是南开大学历史学院联合广西师范大学社会文化与旅游学院，在桂林举办了"海峡两岸明清史"学术研讨

①美国纽约华文《世界日报》1997年11月30日"上下古今"版并载。

会，①三十多名专家学者出席会议。会上，陈老师演讲题目是："从经筵日讲看康熙好学"，冯先生则演讲了"历史教学中的爱国主义教育——以明代郑和下西洋为题"。南开冯门弟子奉献给会议《明清人口婚姻家族史论——陈捷先教授、冯尔康教授古稀纪念论文集》（天津：天津人民出版社，2002年）作为贺寿礼。我在文集中发表了《试论明代族规的兴起》一文，表达对两位老师的敬意。此外，陈老师晚辈学者也为先生出版了冯明珠教授主编的《文献与史学：恭贺陈捷先教授七十高寿论文集》（台北：远流出版事业股份有限公司，2002年），我应邀也写了《明代家庙述论》一文，以为献芹。

2010年10月23—24日，由陈捷先、冯尔康、阎崇年三位教授共同发起，扬州市政府主办，南开大学、北京社科院、扬州大学等单位协办的"盛清社会与扬州"高端学术研讨会在扬州举行，②陈老师发表《雍正与酒——兼谈雍正禁酒与扬州》一篇有意思的论文，冯老师发表《清代乾隆时期扬州人的引领风尚》一文，会议期间，学者提议为陈先生八十诞辰贺寿，于是部分会议论文及新邀论文合为一集，出版了冯明珠主编《盛清社会与扬州研究》（台北：远流出版事业股份有限公司，2011年12月）祝寿文集。我为会议所写的《盛清扬州的城市生活》一文也收入文集。

①马斗成：《"海峡两岸明清史"学术研讨会综述》，《青岛大学师范学院学报》2002年第4期。

②常建华：《"盛清社会与扬州"学术研讨会综述》，《清史研究》2011年第1期。

四、品德与风骨

陈先生是1948年离开大陆去台湾的，那时他是中学生，可谓"少小离家"，此后与留在大陆的父亲天各一方。1963年父亲去世，他也是后来才知道的，直到1991年陈先生有机会回到故乡扬州江都县邵伯镇，已是老屋倾坏，亲长尽逝。然而，陈先生对于父亲怀有深沉的热爱，对于家乡怀有难忘的情谊，对于祖国怀有崇高的敬意。

1996年8月在扬州举办"海峡两岸族谱学术研讨会"，同时举办了冯尔康先生等编《扬州研究——江都陈轶群先生百龄冥诞纪念论文集》（台北：联经出版事业公司，1996年）新书发布会，书中有陈先生饱含深情所作的《我的父亲》，读来令人为父子情深而动容。冯先生在书序中称赞陈先生"具有我国传统的孝道美德"。

陈先生分别在扬州倡议举办"海峡两岸族谱学术研讨会""盛清社会与扬州"高端学术研讨会，并出版《扬州研究》《盛清社会与扬州研究》两本专书，也是以学术回报家乡。陈先生曾向江都县档案馆捐赠一批书籍，表达陈先生对于家乡的深厚感情。

陈先生长期致力于海峡两岸学者的学术与交流，甚至在退休移居加拿大温哥华后乐此不疲，体现出对母国的深厚感情。他很早就公开反对"台独"，出版了《不剃头与两国论》（台北：远流出版事业股份有限公司，2001年）一书，从清初郑氏政权归清讨论"台独""两国论"的荒谬。某国外研究清代满蒙著名专家与陈先生亦有私交，但陈先生对其研究持保留态度，认为其有的观点与中国统一多民族的历史不甚符合。

陈老师受聘为南开大学客座教授，很关心南开学子。1996年因陈老师的关系，台北联经出版公司总经理姚为民先生表示在南开设立奖学金，每年给南开历史系学生评定发放姚为民奖学金，并为姚先生的家乡山东平度籍学生一人发奖，此事持续到2002年评奖委员会主任冯尔康先生退休。1997年，陈先生又促成彭炳进教授在南开历史系设立讲座基金，在冯老师的主持下，邀请京津学者讲学，出版演讲论文集，持续三年。陈先生的这些倡议，有助于促进南开历史系教研工作，反映出陈先生对于青年学子的一片爱心。

天不眷顾，立德、立功、立言如陈捷先先生者驾鹤西归！学术界特别是满学与清史学界的交流，会感到斯人已逝的寂寞，他的丰功伟绩、个人魅力还会流传在学术江湖……

2019年清明节次日于家中

（原载《陈捷先教授纪念文集》，九州出版社，2019年）

冯尔康：史料与史学的不懈探寻者

冯尔康，1934年生于江苏仪征。南开大学历史学院教授、国家清史编纂委员会学术委员，曾任中国社会史学会会长、中国谱牒学会副会长。1959年从南开大学历史系毕业后留校任教，并师从历史学家郑天挺攻读明清史专业研究生。从事史学研究六十多年来，主要研究社会史、清史、宗族史

和社会结构史、史料学等领域，著有《冯尔康文集》《清史史料学》《雍正传》《18世纪以来中国家族的现代转向》《古人日常生活与社会风俗》《中国社会史概论》等。

冯尔康先生是改革开放以来我国社会史研究的主要倡导者，也是著名清史专家。冯先生已是88岁米寿高龄，仍著述不辍，可谓老当益壮。2019年，

《传统中国社会与明清时代——冯尔康先生八十华诞纪念论文集》封面

他出版了 10 卷本《冯尔康文集》，此外尚有数十种专书行世，其中新著《尝新集——康雍乾三帝与天主教在中国》是先生 84 岁时出版的。

冯先生研究历史，第一步总是摸清资料底数。他说过，他同许多同行一样，一贯倾心于历史资料的搜集和解读，也许是属于"史料派"，强调"用资料说话"，主张史学著作要"寓论于史"。冯先生治学同样重视史学新领域，把新观念、新方向、新领域视为打开史料宝藏的钥匙。

探索治清史的门径

冯先生在南开大学攻读研究生期间，师从著名历史学家郑天挺教授学习明清史。郑先生继承了乾嘉学派重视史料与考证的优良传统，同时接受马克思主义史学理论，探索新的史料学。20 世纪 50 年代，郑先生在南开开设过"史料学"课程，那是当时学习苏联新设的课程。冯先生说，导师对他最深的学术影响之一就是进行"史料的批判"，即批判地研究史料。

清史史料种类繁多、数量巨大，不仅需要费时费力地搜集，还要讲求研读的方法。冯先生 60 年代初的研究生论文主体，二十多年后以《十七世纪中叶至十八世纪中叶江南商品经济中的几个问题》为题发表，此文是依据地方志、文集、碑刻、笔记及族谱等资料写成的，大多属于地方文献。而成书于 80 年代初的成名作《雍正传》，则主要依据清廷官书资料《清实录》及起居注、朱批奏折、玉牒等。冯先生阅读清代资料之广泛而深入，是他长年勤奋治学且治学有方的结果。杜家骥兄与我是冯老师招收的首届研究生，那时我们常到老师家上课，看到老师总是在办公桌前看书，椅子面上、地面上有磨过的印迹。师母周老师说，你们老师成年看书，椅子都磨成那样了。老师从平房搬进楼房，我们帮着搬家，看到老师用鞋盒装的一盒盒卡片，有的是早年做的，已经陈旧泛黄，不由感叹老师治学之勤。

20世纪80年代初，冯先生开设"清史史料学"课程。他深知青年学子占有史料的意愿和困难，于是撰写讲义，提供帮助，1986年出版了《清史史料学初稿》一书。该书阐明史料的来源、价值和利用方法，提示读者要注意了解清史史料文献的底数并加以搜集，对清史史料进行整理，制作工具书。先生不是一般性的泛泛介绍，而是将自己利用史料的心得体会写出来，是经验之谈。先生青壮年时读书，每读一书，不仅摘录所记叙的历史事件、制度、人物、时间和社会环境的材料，常常还对该书写札记，留意资料的保存形式，长期积累，便能综合成书。清史研究如何入门，冯先生说，如果在时间不足、利用《清历朝实录》不方便的情况下，不妨以王先谦《东华录》《东华续录》作为基础读物，从这里搜集基本材料，初步了解清史，然后扩展开去，从各种史籍中寻觅资料进行深入研究。同时说，研究清史，还是要读《清史稿》的。这真是不仅授人以鱼，而且授人以渔，使得《清史史料学初稿》成为初学者走上清史研究之路的津逮。先生在这部书的后记中深情回顾，他爱在南开大学图书馆书库读书，即使年已花甲，仍然乐于把书放到书库一个旮旯的桌子上翻检。一个读书人的形象跃然纸上。

冯先生对《清史史料学初稿》精益求精，不断增订，后来又出了三个版本。1993年台湾商务印书馆的版本，增加了海外清史文献的介绍、地方政书、文编中的史料等内容，增写学者对清史文献的整理、鸦片战争后清史史料的说明，大为完善，篇幅比原书多出二分之一。于是，该书出版时，去掉了原书名中的"初稿"二字。冯先生在新书自序中强调"没有历史资料便不能说明历史，没有史料学便没有历史研究，也就没有历史学"。

此后，冯先生不断探索多种史料的价值与利用，如族谱、刑科题本与履历档等，这些新的研究心得写进了2004年的新版本中。如介绍"引见履历档"，从引见制度说到履历档案的形成，"一史馆"所藏的履历档、整理编目和利用情况，它所反映的清朝任用官员制度、实行状况及与朝政的关系。还交代了"书画"图书的史料意义，以清初吉林满族史为例，增设"综论笔记、文集、方志对清史专题研究的价值"一节，使得该书特色更加突出。

2013年故宫出版社推出的《清史史料学》更增加了大量书影，为读者提供了对原书的直观印象，图文并茂，成为学术珍品。

《清史史料学》广受国内外学界的好评，被视为清史研究的必备工具书、入门的基础读物和研究性的教材。

人物与人物传记研究

　　雍正皇帝很有性格且颇受争议，冯先生的《雍正传》全面深入呈现了传主奋发有为的一生。雍正帝继位充满谜团，多被认为是篡位夺权，冯先生则认为是合法继位。为了这一研究，先生成为最早利用记载清皇族生育档案玉牒的学者之一。说来也巧，另外两位同时利用玉牒的著名学者吴秀良、杨启樵先生也都是主张合法继位说的学者。冯先生阅读了有关雍正帝的大部分资料，辨析具有歧义的史料，慎下结论。这种研究雍正继位问题的态度，受到读者赞许。冯先生探讨雍正改革问题，颠覆了人们对于雍正帝的印象。先生将雍正改革的成败放到所处的时代分析，进而阐述该时代既没落又允许某些发展的社会特征。《雍正传》不仅显示出先生高超的史料驾驭能力，更彰显了综合分析的史识。冯先生说他写《雍正传》是从一个人看一个时代，为了从简、从俗，书名如此。但是，当把研究雍正帝的论文结集时，冯先生不改初衷，将其命名为《雍正帝及其时代》。据说，著名历史学家何炳棣曾想写雍正帝的历史，见到冯著，认为写得好，打消了原来的念头。

　　中国史学重视人物，正史即采用纪传体。研究历史人物最主要的依据就是传记，冯先生认为："大量的人物传记，对于人们认识历史，认识自身和家史，尤其是快速接受历史知识的价值，有着不可忽视的价值。"为了给清代人物的研究者、文学艺术创作家，以及寻觅先人历史资料的民众提供方便，先生写作了《清代人物传记史料研究》。此书介绍清人传记史料书籍的作者、内容、文体、出版、收藏、利用情况及有关的工具书，特别着眼于帮助人们认识史料的用处和利用史料，成为全面寻找清人传记资料的工具书。

从史料学角度看，《清代人物传记史料研究》对于史料的认识更专门化，可以视为《清史史料学》的升级版。如冯先生认为人物传记的详细史料是日记，我们应该首先关注日记对于作者本人历史的史料意义。他提出清人日记的作者传记的作用，表现在日记中反映的日记作者的心理活动、家内人际关系、交友和人情世故、主要经历的某些细节、经济状况、政治见解等，有助于写出日记作者活生生的人物形象。

又如关于清人尺牍的传记史料价值，冯先生首先介绍尺牍的由来、名称、程式、类型以及写作与出版，接着讨论清人尺牍的传记史料价值：尺牍作者的传记素材，收信人和信中人物的历史资料，社会历史资料。特别是为了深入探讨尺牍史料价值，先生利用《秋水轩尺牍》的资料，给其作者幕宾许思湄制作年谱，演示了如何制作年谱传记，如同手把手教人如何使用史料进行写作。

冯先生喜欢历史人物的写作，关注传统社会女性的命运。清代文坛领袖袁枚有三个才女妹妹袁机、袁杼、袁棠，先生写了《"少守三从太认真，读书误尽一生春"——袁机评传》《〈楼居小草〉的作者袁杼》《女诗人袁棠》三文，揭示她们的生活。如袁机，4岁的时候，袁父与高家给她定了亲。高子绎祖性情暴躁狠毒，高父感到若结亲对不住袁家，于是商量退亲。袁机认为女子只能从一而终，坚持不退亲，她25岁成亲。然而高绎祖残酷地虐待袁机，她则逆来顺受。最终她父亲和高家打官司，判决离异，把袁机领回杭州老家。袁机的悲惨命运，是她本人接受三从四德教育造成的。冯先生揭示出清人的这一认识，将读者带入传主生活的时代，也给今人留下悠长的遐思。

冯先生的传记写作对象，除了皇帝、女性，还有名臣、文人，这些文章结集为《清代人物三十题》一书。该书自序中指出："人的历史的研究，首先要弄清个人、群体与社会与历史的关系问题，而后才能进一步明了史书中人物传记的社会作用。"先生擅长从历史人物看时代、看社会，书中的论述体现了这样的特色。如书中对于康熙、雍正、乾隆诸帝的论述，体现了时代特色与历史走向，也再现了这些皇帝的性格为人，形象鲜明。先生对于清代名臣的论述也颇能将其放在君臣关系中讨论。清代的思想观念也是先生关注的课题，一组人物文章就显示出了这方面的特色，如论述傅山的史论与政论、黄宗羲的工商"皆本"观念、吴汝伦的西医观等，皆提出了独到见解。先生对《红楼梦》有过深入研究，将雍正帝《悦心集》与曹雪芹《好了歌》的比较值得注意，对曹雪芹与《红楼梦》进行全面而凝练的概述，别出机杼。先生的人物研究涉及人物的文献学成就，如对黄印《锡金识小录》、许思湄《秋水轩尺牍》、朱次琦所修谱的探讨，论述了族谱、年谱、方志诸种文献类型。清代处于中国传统社会晚期，女性的家庭关系、精神世界如何，先生都有所探讨。正是因为冯先生对于传记资料和传记写法的娴熟掌握，所写人物有个性，分析深刻，加之文笔流畅，从而雅俗共赏。他写的《雍正帝自称"汉子"——解读一条史料》，恐怕很多人看了题目就想阅读吧。

宗族史的不断开拓

宗族是传统中国社会的基本问题，所谓封建"四权"就包括"族权"。冯先生长期关注宗族问题，20世纪60年代就在报纸著文论述宗族祠堂与族权，那时的认识自然是以批判为主。改革开放以来，随着思想解放，学术界对于宗族的认识发生了变化。冯先生强调全面认识宗族，主持编写了《中国宗族社会》一书，是当时学术界新出的两部宗族史之一，有力推动了宗族史研究的开展。先生还推出《中国古代的宗族与祠堂》一书，论述了宗族的阶段性变化，祠堂的祭祖、教化，族人的经济、政治生活，宗族的谱牒编纂。先生用自己长期的学术积累，高度概括了中国古代宗族的基本问题。日本的宗族史专家小林义广教授认为该书对于认识中国宗族很有帮助，译成日文发行。冯先生还提出了中国宗族社会研究的"变态型宗法社会"说，这些相关论文，都收入他的《古代宗族与社会结构史》一书。

明清以来盛行修谱，虽然因社会动荡族谱多有损失，但留存至今的仍然数量庞大，究竟有多少？藏于何处？人们都说不清楚。冯先生很早就注意族谱的调研、整理工作，我读研究生时，他要我带领本科同学实习，调研京津图书馆的族谱收藏状况。先生又与我同国家档案局二处、中国社会科学院历史所图书馆合作，编成《中国家谱综合目录》，这是大陆第一部全国性大型家谱目录，为研究者与寻根问祖者提供了方便。

冯先生阅读宗族文献，摘抄了大量资料。还是在我读本科的时候，上先生开设的"清史专题研究"选修课，其中一讲是"清代宗族制度"，发的讲义就是一段一段的资料摘抄，想必是他从摘抄的大量资料卡片中选择的。21世纪国家纂修大型《清史》，冯先生应邀撰写其中的《宗族志》，编委会要求以资料长编为基础撰写，先生遂在已有资料的基础上，组织学生补充不同地区的新资料，编成并出版了《清代宗族史料选辑》这部大型资料集，该书汇集了有清一代宗族史的基本史料，观照到不同地区的宗族活动情形，取材包括政书、史书、文集、方志、笔记、档案及大量视觉史料，主要是民间的族谱（家谱、家乘、宗谱）。

冯先生对于清代宗族的深入研究集中体现在他的《清代宗族史论》一书。先生从宗亲法及其指导思想、宗族特点、宗族载体、族谱四个方面，综论了清代宗族状况、宗族的社会属性及其演变，研究了族长制的特点、祖坟建设、祠祭墓祭、义产与助学、修纂族谱、政府与宗族的互动关系等问题。

研究宗族需要回答现实问题，宗族在现代社会究竟应处于什么位置？与现代化的关系如何？冯先生思考着这些问题，《18世纪以来中国家族的现代转向》一书是先生将清代宗族研究延续到当今的尝试。为了写好这部书，他带领学生到江西等地进行宗族调查，了解当今宗族的活动。冯先生应邀为一些族谱作序，回答热衷宗族事务人士的问题，也搜集新修族谱。冯先生在书中既讨论清代宗族的特点，"礼以义起"的宗法变革论，"养为先务"的睦族观和家族通财观，谱法中求实际与慕虚荣的矛盾观念；也探讨20世纪的宗族，涉及20世纪上半叶在式微中更生的家族、社会各界的家族观、家谱修纂和谱例改良，以及20世纪下半叶家族宗亲活动，还讨论20世纪最后20年的族谱编修、社会各界的家族观、现代社会的宗亲会。先生认为："当今宗族有其对社会的适应性，能根据社会的变化和需要，改造其组织形式和活动内容。宗族正是有这种适应力，所以能够在变动中的社会生存下去，非但没有被改革的时代所淘汰，还能在消沉后复兴。"

20世纪中国宗族史的研究，冯先生是重要的开拓者。《近现代海内外宗族史研究》一书反映了先生的系统性看法，先生对于近当代宗族的研究不仅具有重要学术价值，也具有重大的现实意义，非常值得重视。为了研究近现代海内外宗族史、宗亲会史及中华文化的海外传播，先生深入华人社区，搜集有关华人活动的宗亲会刊物、海报、通知，进行观摩，将研治中国宗族通史延伸到海外华人之中。先生以北美洲和大洋洲为重点，叙述海外华人的现实状况，分析他们的发展途径，他们与祖国与中华文化的关系。他指出："移民一面要融入主流社会，一面又要保持中华文化，而这两者要同时共存，无疑是矛盾的，难于把握的，移民处理好这组矛盾，就会前进，就会生活美满。期待着这个目标早日实现。"

打开社会史史料宝库

　　冯先生倡导社会史研究，首先面对的是社会史料的搜集利用问题。先生涉猎过多个断代史，明清史属于本行，大学时期最早的兴趣在隋唐史，撰写南开所编《中国古代史》负责汉代部分，撰写宗族史承担中古部分。治断代史多从正史入手，冯先生开展社会史研究也是先从正史开始的。20世纪80年代，冯先生从社会史的视野再次系统阅读正史，撰写读史札记，结集《古人社会生活琐谈》，后增订为《古人日常生活与社会风俗》一书，内容包括古人衣饰的规制与风尚，古人的婚姻家庭生活，人口的再生产、死亡、丧葬、迁徙和社会救济，社会结构中人们的群体生活，古人的文化娱乐等。冯先生还将研讨社会史的正史史料写成《社会史研究与"二十五史"》一文，并全面介绍包括政书在内的社会史料，发表《略述中国古代社会史的史料》的文章。先生进而又以《关于建设中国社会史史料学的思考》为题，提出"社会史史料学"的概念。这是史料学新领域的探索，收入先生的《史料学研究》一书，先生在书中对于从《史》《汉》到当代的史书文献均有所涉猎，意在明了各种文献体裁的史料价值，尤其关注中国社会史史料和视觉史料。

　　《中国社会史概论》是冯先生撰写的教育部重点教材，书中大篇幅介绍了社会史史料。如何发现史料呢？先生提出："新观念、新方向、新领域是打开社会史史料宝藏的钥匙。"这一指导性的看法，个人觉得真是至理名言。更新观念对于学者尤其重要，这可以使旧史料焕发出新的生命力。

冯先生倡导开展社会史研究，同时提出了清代社会史研究的设想，以清代人们的等级、宗族、家庭的社会群体生活，衣食住行等物质生活的习尚，人口流动与社会救济，戏曲、节日等娱乐生活，缠足、停丧等社会风气作为研究对象，关注诸种社会生活。先生与我合撰了《清人社会生活》一书，尝试将社会结构与生活融为一体的社会史写作。

冯先生也致力于社会史史料的发掘，清朝嘉庆朝刑科题本的整理最具代表性。先生写作研究生论文时，读到李文治先生《中国近代农业史资料》中的部分刑事档案资料，对它极具特色的史料价值留下了深刻的印象，1982年问世的《清代地租剥削形态》一书更引起其兴趣。冯先生决心开发嘉庆朝的刑科题本，1983—1987年，他带领学生到中国第一历史档案馆实习，从32000余件嘉庆土地债务类刑科题本中抄录清代各种身份者的资料，成果拟题《清代社会生活及身份地位档案资料选编》。当时我们研究生也参加了抄录，实习的同学有人生病，先生从北京的弟弟家取来药和可口饭菜，关怀备至，同学都很感动。

冯先生利用搜集的刑科题本并结合其他资料，探讨了清代的土地占有、阶级关系，发表了多篇论文。随着学术思想的转变与研究的深入，他利用刑科题本关注不同的人群，兴趣扩大到下层社会。2004年冯先生应邀为"萧公权学术讲座"做第二讲讲座（第一讲由何炳棣演讲），演讲题目为《乾嘉之际下层社会面貌——以嘉庆朝刑科题本档案史料为例》，探讨了小业主的经济状况和社会生活、家庭生活与婚姻生育、宗族社会状态、流动人口、社会不稳定状态下人们的生活。他研究的这些问题，是以往研究刑科题本时很少涉及的。

冯先生的《论"一史馆"土地债务类档案的史料价值》一文也是经验之谈。他认为刑科题本的史料价值可以归纳为生产关系、社会等级、下层民众社会生活、清史研究的突破性、司法史五个方面，特别是其中的"下层民众社会生活史"资料价值，是指"土地买卖、典当、找赎、租佃和银钱借贷运行过程，雇工的生产劳动和生活，人们的宗族、家庭生活，移民的迁徙和创业过程，奴婢听受主人支配的生活"，他认为："这些社会下层民众的生活，不像达官贵人有较多的文字记录，赖有这类档案史料，使史家可以采集爬梳，去描述下层民众的社会生活和他们的历史。"这为我们利用"土地债务类"刑科题本提供了指导。

在冯先生的带领下，南开大学中国社会史研究中心将整理、利用刑科题本作为重要科研工作，先后出版了家骥兄与我分别主编的《清嘉庆朝刑科题本社会史料辑刊》《清嘉庆朝刑科题本社会史料分省辑刊》两种大型史料集，家骥兄还主编了《清代社会基层关系研究》一书，我则利用刑科题本开展研究日常生活史等工作。我们感谢先生慧眼识题本，为我们指引新的学术方向。

（原载《光明日报》2021 年 10 月 18 日，11 版"光明学人"）

读徐泓先生《明清社会史论集》感言

2010年我主编《中国社会文化史丛书》，设想以出版台湾社会史学者的著作为主，首先想到的就是著名明清史专家徐泓先生。徐先生慨然允诺出版一本明清社会史论集，不过由于先生是一位教学研究繁重、社会活动众多而且做事非常认真的学者，一直未能拨冗成书。今天终于看到徐先生精选的社会史文集，我十分感谢与高兴，在此表示祝贺！

徐先生是前辈学者，书成嘱我作序。晚学如我，深感惶恐，想到徐先生的大作我都拜读过，还是恭敬不如从命，就谈谈自己的学习感受吧。

在我看来，徐先生所选论文都是精品力作，属于重磅宏文。有关明代社会风气的论文，事关明代社会变迁与性质，学术价

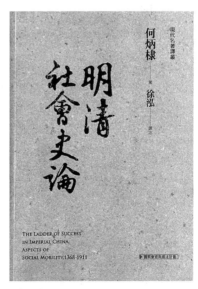

《明清社会史论》封面

值重大。虽然著名历史学家吴晗、傅衣凌两位先生首先提出这一问题，但均未展开并进一步证实，徐先生则利用丰富的地方志等资料，分江浙、华北全面深入考察，证实这一明中叶之后社会风气变化的普遍性与深刻性，证实商品经济发展作为深层原因的作用。特别是有关华北社会风气的研究以往最为薄弱，徐先生的研究实有开创意义。不仅如此，先生还重点考察福建地区并延伸至清代，使人进一步加深了对社会风气变化不平衡性与层次性的认识。阅读徐先生研究社会风气的论文，我们可以从大量丰富的文献中进一步开展不同地区、不同社会风气事项的探讨。徐先生的论文，也发挥了开学术风气的作用。虽然后来有关明代社会风气的论文如雨后春笋，但是论文的学术功力与底蕴多不及先生，徐先生在这一领域的研究，仍属于学术标杆。

婚姻家庭是社会史的核心问题，20世纪80年代海峡两岸兴起社会史研究，都开始关注这一问题，一改之前明清时期婚姻家庭问题几乎无人问津的局面。就明代而言，徐先生实是明代婚姻家庭特别是家庭研究的开拓者。徐先生受社会学的影响，首先从制度入手，勾画出明代的婚姻家庭制度与基本内容，弥补了以往研究的不足。

人口问题是理解社会的基本要素，明朝初年政府组织过大规模的移民，影响深远。及至今日，华北地区多数人自称是明初特别是洪武时期从山西洪洞大槐树下迁徙到现住地的，可见弄清楚明初人口状况特别是移民问题，对于理解社会、认识生活的重要性。徐先生采取计量方法，以《明实录》为基本资料，分别就洪武时期、永乐时期移民进行了全面细致的分析，综合归纳出明初移民历史的过程、规模及基本情形，成为了解明初移民整体历史和研究地方人口来源时重要的参考文献。徐先生关于明初移民的论文属于奠基性的研究。

　　社会史研究离不开探讨各种社会群体，徐先生深入研究了明代灶户，有助于我们认识明代的社会结构。徐先生围绕盐业生产形态的变化讨论灶户的阶级分化，从灶户的生产、生活状态呈现出明代社会下层的面貌。徐先生早年以研究明清盐业生产成名，而对灶户的研究，显示出经济史与社会史结合的特色与风范。

　　长期以来，明清社会不是被认为停滞不前，就是被看作缺乏活力。著名历史学家何炳棣先生利用科举考试文献，探讨了明清时期的社会流动问题，认为当时社会流动比较活跃，提出明清时期普通家庭通过科举变为官员向上流动的比例在下降，即使如此，三代无功名或只有过生员的家庭仍占有42%的观点引起学界的高度关注。也有人怀疑这一观点，徐先生不仅致力于将何先生的巨著《明清社会史论》译成中文，还利用新出的科举文献，多出何先生当年分析样本的2.5倍，重新计算，得出与何先生近似的结论。对于徐先生这一为他人作嫁衣裳的行为，令我极为叹服！想到当年著名物理学家诺贝尔奖获得者杨振宁、李政道的物理发现，由于物理学家吴健雄的验证才得以公认，徐先生的后续研究为学术研究再添佳话。

　　如上所述，徐先生对于明清社会史的贡献是多方面的，事实上，先生还有与社会史密切相关的其他研究。如徐先生在明清城市史方面也有开创性的探索，希望先生另外早日结集出版，嘉惠学林。

2001年，南开大学中国社会史研究中心主办"历史上的中国人口行为国际学术讨论会"，我提交了一篇关于明代溺婴问题的论文，徐先生应邀不克出席会议，但答应评论拙文，寄来认真写就的评论意见，实事求是，指出拙文不足，使我获得教益。此后与徐先生交往增多，越来越感受到先生为人热情诚恳，对学术事业十分执着，成为我心目中敬畏的师长。今天我参与先生文集的出版事宜，再续文字之缘，将自己学习先生大作的体会谈出，愿与读者一起分享。

2017年3月9日于南开大学中国社会史研究中心

（原载《明清社会史论集》，北京大学出版社，2020年）

师友书评

揭示明朝政治奥秘的专著

——评郑克晟《明代政争探源》

郑克晟教授的学术专著《明代政争探源》，已由天津古籍出版社出版，我们祝贺它的问世！明代史上有许多令人饶有兴趣、追寻不已的事情，诸如苏松田赋的苛重，开国功臣、浙省士人刘基、宋濂等的死于非命，建文帝改革得到江南士人的支持，并被他们长久怀念，靖难之役燕藩胜利而朝廷失败，郑和下西洋与海禁，朱棣立太子的风波，朱棣的迁都北京，北方贵族、宦官地主集团成和发展，以及他们推行的政策对南方地主的影响，嘉靖初议大礼与南北方地主集团的关系，明后期北方水田建

《明代政争探源》封面

设的艰难和失败，南北方士人对耶稣会士东来的态度不同，等等。这些明代史上的大问题，是怎样发生的？为什么会是那样的结局？它的深刻的社会原因究竟是什么？对这些历史，史家有着各种各样的理解，有的颇见精到，令人赞佩，但那多是就上述一个或几个事件进行的论述，没有贯通的说明。本书不同于众，用江南地主与北方地主集团利害冲突的观点，通释全部问题。作者从朱元璋的出身和元朝对江南士人的政策展开研究。从朱元璋的佃农出身和流丐经历，看到他的强权势欲和自卑心理的矛盾，建政后遂对江南地主采取打击政策。建文帝即位后，重用一部分江南士人，一反明初对江南地主的高压政策，这给江南地主带来了希望，他们支持建文帝的改革措施。朱棣继位后，江南地主与永乐政权的重重矛盾，决定了朱棣考虑把中心建立在北方，北方的父老在靖难之役时给予他大力支持，于是决定迁都北京。朱棣政权依靠的主要势力是他做燕王时的文臣武将、北方籍的勋贵以及太监。作为支持他取得皇位的报酬，朱棣给予他们一些庄田，扶植这些北方地主集团。朱棣以后，北方地主势力的膨胀，江南地主也屡蒙打击，这两大集团的斗争，在明廷内部许多政策中都有反映。

作者以北方地主集团与江南地主集团斗争的观点阐述明代的政治斗争史，试图以此揭示它的根源，找出它演进的奥秘，形成一家之言。作者提出的区分明代南北地主集团的不同政治态度的方法是可以借鉴的，在分析明代的政争时，应当考虑到南北地域不同以及利益各异形成的两集团的矛盾斗争、皇帝与两大集团的关系，特别是打击江南地主的因素。

这样，才有助于我们加深对明史的认识。

再次，《明代政争探源》论点鲜明，而资料翔实，论证严密，才使它达到了史与论紧密结合。我们读《明代政争探源》，感觉作者史料熟稔，运用起来约而不繁。如叙述朱元璋的家世与性格，只用了《御制皇陵碑》一书的资料，把朱元璋的性格生动地刻画出来。资料充实的著作，很容易形成材料堆砌，令人望而生畏。《明代政争探源》不然，它的史料与论点结合得很好，使该书成为以史实见长而又文字流畅的学术专著。

《明代政争探源》讲地域经济与政治的关系，我们感到有些不足。例如明代地主经济与上层建筑规律性的关系，地域间的差别、矛盾在多大的历史范围起作用，北方地主集团与南方地主集团的政争除地域、利益的因素之外，是否还有贵族与其他等级、不同文化背景等因素的影响？这些问题如果能在理论上做进一步的阐述就会使该书更充实，不知作者以为然否？

（原载《光明日报》1990年4月4日，冯尔康先生与我合作）

陈生玺、杜家骥《清史研究概说》评介

　　南开大学历史研究所陈生玺、杜家骥编著的《清史研究概说》一书，最近由天津教育出版社列为《学术研究指南丛书》之一出版。全书五编，共四十余万字，是一本总结清朝灭亡以后清史研究成果，指示清史研究门径的书，它集学术性、资料性、工具性于一身，对于清史爱好者有重要的参考价值。下面对该书，逐编加以评介：

　　第一编是绪论。首先介绍了辛亥革命以来我国清史研究的历程，将辛亥革命至中华人民共和国成立前约四十年间的清史研究按照年代分四段论述。重点分析每一年代的名家及其代表作，如《清史稿》的纂修、肖一山的《清代通史》，孟森的学术成就，郑天挺的《清史探微》都有充分的介绍和论述。这些评介是相当全面而深入的，如关于20世纪20年代肖一山《清代通史》出版后学术界毁誉不一，夏鼐、陈恭禄等人撰文对该书进行的激烈批评，特别是陈恭禄与肖一山之间还发生了轰动一时的文战，导致该书在国内一直没有再版，1949年后很少有人提及这段学术公案，作者对它来龙去脉的详细介绍对我们认识《清代通史》很有好处。在注意点的同时，面的介绍也未曾忽略，如作者在论述民国初年的清史研究时，分析了当时存在着歌颂和抨击清朝的两种倾向，除《清史稿》之外，还简要评介了《清史讲义》《清史纂要》《清史要略》《清朝全史》《清鉴易知录》《清史纲要》《清鉴辑览》《清史纪事本末》等书的特点和优劣，便于人们了解当时流行的清史著作，对于1949年后的清史研究，作者则概括了其三大特点十一项成就。其次介绍了近三十多年来台湾的清史界概况。着重分析了《清史》的修订和台湾的清史学者及其著述，其中以李光涛和方豪的介绍尤为详尽，方豪是明清中西文化交流史与中国天主教史研究的权威，作为明清史学者，以往对他的介绍很少，该书重视方豪，反映了作者对中西文化交流在清史研究中地位的识见，总之，长达五万字的绪论，可视为清史研究简史。

第二编为清史专题研究概述，是全书的主体，该篇概括了634位学者的清史著作，专著69本，论文875篇，分清入关前的社会与政治制度、明清战争与清初社会矛盾、清朝之评价与清史分期、官制与政治制度、政治斗争、财政与社会经济、统一多民族国家的巩固与发展、社会、中外关系、人物、思想文化与科技11大类，大类之下又分91个小类，有的小类之下又分为若干子目，将清史研究的情况全面、细致而又井然有序地组织在一起。此外，概述的写法上也颇见功力，作者并不是将已有的学术成果平列式的介绍，而是先总体介绍其研究史和综述学术观点，然后就问题的关键及其分歧意见逐项介绍，在各个问题之下分析不同的观点，使读者马上了解了问题的症结和研究水平，如在"清入关前的社会与政治制度"大类下有"八旗制度"小类，作者概述了八旗制度及其研究史，又将其分为八旗满洲、八旗蒙古、八旗汉军三个子目，在八旗满洲里，分八旗制度的渊流、八旗建立前的建旗问题、牛录的特征与类别、牛录组织的职能四项内容。又如"财政与社会经济"大类下设有"货币金融"小类，作者介绍了有关此问题的概况及研究的主要著作后，分清代货币制度与经济发展、银钱的比价变动及清朝政府的措施、外国银圆流入中国及其影响、钱庄和票号四项内容，综述了已有专著及论文中的观点。本编中，作者不论学者地位高低，以学术贡献为主，综述涵盖了绝大多数已发表的论文，重大的争论问题囊括无遗。

第三编系主要为清史专著简介，分清朝前史、清朝通史、政治、军事与兵制、经济、民族与边政、阶级等级、宗教、中外关系、人物、著作、学术与思想文化、史料学、其他、个人论文集15类，介绍了132种学术著作。

第四编是清史史料简介。作者首先分析了清史史料特征，然后分编年体及纪传体史料，政书、档案、方志与边疆史地资料、文集、笔记、人物传记与年谱、宗谱、专题性资料、其他史料几类分别评介，每类史料既评价其特点又列举主要书目，便利人们掌握。

第五编为论文索引。因已出版的《清史论文索引》搜录了20世纪初至1981年6月间的论文题目，所以本书只收集1981年6月以后的论文，既避免了重复又保证有足够的篇幅收录新的论文题目，索引分目全面、细致，也极便人们检索。

值得注意的是，本书除全面介绍中国的明清史研究之外，还相当多地反映了日本的明清史研究成果，这也是该书的特点之一。

通观全书，作者在书的编排、体例方面独具匠心，搜集研究成果用力甚勤，对已有研究的剖析切中肯綮。可以说，是书在手，清史研究状况便了然于胸，的确具有指南的性质，应是清史爱好者案头常备之书。

（原载《清史研究》1991 年第 4 期）

郭松义《伦理与生活——清代的婚姻关系》

　　中国传统时期的婚姻问题及与此相关的两性关系，在社会史领域有一个良好的研究开端。20世纪二三十年代问世的陈东原《中国妇女生活史》（商务印书馆，1928年）、王书奴《中国娼妓史》（上海生活书店，1934年）、陈顾远《中国婚

《伦理与生活——清代的婚姻关系》
封面

姻史》（商务印书馆，1937年）至今仍是研究时的必读之作。那时虽有杨树达《汉代婚丧礼俗考》（商务印书馆，1933年）这样研究断代婚姻的优秀著作，但属于凤毛麟角，其他断代的婚姻研究暂付阙如。进入20世纪80年代以后，婚姻史的研究呈现出兴旺的景象，出现了断代婚姻史研究的优秀著作，如彭卫的《汉代婚姻形态》（三秦出版社，1988年）、张邦

炜的《婚姻与社会（宋代）》（四川人民出版社，1989年），而陈鹏的《中国婚姻史稿》（中华书局，1990年）则是婚姻通史类的代表性著作。清代由于现存资料的浩繁等原因，长期以来缺乏深入研究，郭松义先生新著《伦理与生活——清代的婚姻关系》（商务印书馆，2000年）的问世则改变了这种状况，该书不仅在清代也在中国婚姻史研究上占有重要地位。

郭松义先生以研究清代经济史与社会史著名，其著述向来以占有宏富扎实的资料攻破研究难题见长，新著同样具有这些特点。郭先生在该书后记中说，本书从1990—1991年定题立项到收集资料做专题，最后完成书稿，先后达七八年，其实这是郭先生倾注全力研究清代婚姻的时期，也是一种谦虚的说法。我们可以从他发表于《中国史研究》1987年第3期上的《清代人口问题与婚姻状况的考察》一文，看出先生已经从事婚姻问题的研究了，那篇论文以族谱中的人口记录为资料进行了大量统计分析，而这样的研究那时在中国大陆刚刚开始，引人注目。就此而言，郭先生的大著实际上是"十年磨一剑"。

郭著的创新之处首先表现在立意上。一般来说，以往的婚姻史研究多从礼法制度出发，体现的是社会上层的观念，对于百姓婚姻关注不够。郭先生指出："在清代的婚姻关系中，除了统治阶级倡导的、占有主导位置的婚姻行为以外，还存在另外一些做法，尽管它们之间有冲突，也有妥协，情况错综，各有消长，但矛盾始终贯穿其间，反映了历史是在如此多样复杂的情况中发展的。归结这些冲突和矛盾，就婚姻行为而论，主要是道德伦理和现实生活之间存在差异，是价值观念不同所致。"（第25—26页）这是作者为本书定名的原因。有这样的立意，不仅把基层社会的婚姻生活纳入视野，而且置其于与社会上层的关系中考察，凸显了问题意识。

作为对社会科学的追求，郭先生除了运用历史学的方法外，还采用了社会学、伦理学、心理学的理论方法。本书在绪论之后，首先连续三章讨论婚姻社会圈、婚姻地域圈，表明了作者对这些问题的重视。在以往的婚姻史研究中，从社会圈与地域圈的角度探讨还是罕见的。由于理论视野不同，遂使婚姻择偶原则、婚姻形式及溺婴问题的研究具有新意，或者说更具有社会史的意义。在对童养媳的研究中，郭先生使用婚姻质量的概念进行探讨，借鉴性心理学的研究成果，认为童养媳婚姻"因为从小长期的共同生活，使他们有兄妹之情，却难以迸发出夫妻的激情"。（第311页）

充分占有资料并加以统计分析，在看似平常的问题上进行突破，形成了本书鲜明的特色。清代历史研究与其他断代史研究重要的不同之处在于史料汗牛充栋，特别是保留了上千万件的档案。郭先生阅读了数量可观的中国第一历史档案馆的刑科题本婚姻奸情类等档案，还阅读了辽宁省档案馆所藏八旗户口册，至于已经成书的档案资料汇编也有大量的阅读。这些档案的利用者很少，其史料价值很高。本书还引用697种地方志、150种年谱、63种家谱、57种文集以及大量政书、笔记与杂类，阅读资料数量之多、范围之广，婚姻史的研究中罕有其比者，其花费的时间与精力可想而知，令人由衷钦佩。在如此丰富资料的基础上，郭先生进行大量考订分析、量化处理，提出了一系列独到的看法。例如，第五章《婚龄》中，郭先生查阅了30余万人口记载，把记有婚龄或虽无直接载录但可推算得出的数字一一收辑而来，统计了17147位清代女子和676位清代男子的初婚年龄，得出清代平均初婚年龄：男子19.76岁，女子17.28岁。以一人之力完成如此巨大的工作量，这组数字实在来之不易。郭先生并没有停留在统计数字上，他还指出："我们的婚龄抽样，有将近半数取之于士绅官宦家庭。一般来说，绅宦家庭的男子成婚年龄要低于下层百姓，而女子则似乎又稍稍偏高，然而在人数上，普通百姓应远远多于绅士、官员。这样在计算平均婚龄时，必须把上述因素考虑进去，并作适当修正。根据我们的估计，在清代，把男子的平均婚龄定在20岁到21岁，女子定在17到18岁，大致是合适的。"（第202页）这一估测的数字比起已有研究中刘翠溶、刘素芬、李中清等教授的计算，一般要低得多。不过其他说法多是限于某个阶层或某个地域，有相当的局限性。郭先生的看法无疑大大推进了清代婚龄的研究。第六章《童养媳》，郭先生统计出童养媳的叫法有30来种，统计了童养媳领养年龄、婚龄、夫妻婚龄差，并从55宗案例看童养媳的婚姻质量。第八章《妾》，郭先生统计了男子纳妾时的年龄。女子被买做妾时的年龄、夫妾年龄差，还辑录资料，列出《各地各时期买妾价格举例》一表，发现"买一个普通的妾，所需银两竟与牲畜价相差无几、或稍高一些。妾的地位高下，可想而知"。（第372—376页）第九章所述《节烈、烈女和贞女》，已有相关研究，郭

先生统计了历朝实录旌表节孝烈妇，结合其他资料，推算
"有清一代只旌表节妇一项便及百万之众"。（第405页）第十
章《寡妇再嫁》，列出了再嫁寡妇在已婚妇女中所占比例，
用抽样统计的办法考察了妇女再嫁的年龄和有无子女的关
系。最后一章第十二章《婚外性关系》，对403例男女私通案
例进行了多种统计分析，如情夫、情妇私通年龄，情夫、情
妇年龄差，婚姻状况，情夫身份，情妇家庭情况，私通者之
间的关系等。有上述的统计分析自然使研究新意迭出。

其实，郭先生研究的问题过去基本上很少探讨，具有填
补空白的意义。除了上面提到的婚外性关系、妇女再嫁、节
烈和贞女、妾、童养媳、婚龄外，第七章《男子入赘》、第
十一章《出妻、卖妻、典妻与妇女的拒嫁和弃妇他嫁》过去
也无实质性的研究。本书的内容相当部分是女性的，再现了
童养媳、妾、节烈和贞女、寡妇、被典卖抛弃妇女的婚姻生
活，使我们看到了人类另一半女性的历史。郭先生对于民众
婚外性关系的考察，在一定程度上揭开了神秘的纱幕，我们
得以看到清代性关系的另一面。

冯尔康《清代人物传记史料研究》

历史是由人的活动形成的，没有人则没有历史，因此历史研究应当以人为本。传统的中国正史为纪传体，给予著名历史人物以充分注意。相比之下，传统史学不太重视普通民众的历史。而现代社会史研究强调"来自下层的历史"，民众被置于历史研究的中心位置。可见历史研究离不开历史人物，离不开探讨记载历史人物的史料。传记研究是构成历史学的基础，是历史研究昌盛不衰的领域，读者对于人物传记有着持久的浓厚兴趣。

冯尔康教授以《雍正传》（人民出版社，1985年）饮誉清史学界，研究历史人物传记有素。他还出版《清史史料学》（台湾商务印书馆，1993年）一书，对于史料学有深厚的研究基础。特别是他倡导社会史研究，并出版过《清人社会生活》（天津人民出版社，1990年）、《清人生活漫步》（中国社会出版社，1999年）等著作。有这样的学术背景，从而使他的新著《清代人物传记史料研究》具有鲜明的学术特色和研究深度，成为清史学领域重要的学术成果。

《清代人物传记史料研究》（商务印书馆，2000年）这部44万字的专著除前言外，辟有14章。第1章论述清代以前传记载体及其分类，作为本书的理论建设，第2、3章分别探讨清代传记体、碑传体传记专著，第4章至第6章就清人传记的别体——年谱、清人阶段性传记著作——日记、清人尺牍及语录的传记史料价值加以论述，第7章至第13章研究的是族谱、纪传体清代通史、文集与资料汇编、地方史志、历史档案、笔记图书、题名录与像赞的传记史料，第14章为清人传记史料的工具书。该书全面论述了清代人物传记史料的种类、来源、价值及利用方法，既有学术性又有工具性。

毫无疑问，传统社会历史被认为是社会上层的历史，历史文献主要记载属于"社会精英"的历史人物，官修文书尤其如此，传统史学多有他们的传记。冯先生在书中对记载这些人物的传记进行了深入研究，他详细论述官修列传体传记《清史列传》《满汉名臣传》《国史列传》《国史贰臣传》《国史逆臣传》《钦定宗室王公功绩表传》《钦定蒙古王公功绩表传》，私修综合类传记《国朝先正事略》《清代名人传略》《清代人物传稿》《清代七百名人传》，综合类碑传体传记《碑传集》《续碑传集》《碑传集补》《碑传集三编》《国朝耆献类征初编》及准正史《清史稿》的人物传记等大型清代传记专书，而且就这些书之间的关系进行分析，比较异同，判断价值，有助于人们利用这些书。如果没有清史研究的深厚功力和长期利用这些书籍的丰富经验，是难以写好这些内容的。在其他专门性传记资料介绍中也表现了冯先生的学术功力。如冯先生阅读过117部年谱，结合其他学者的研究成果，提出年谱的9条体例，将年谱的类型扩展为6类，把年谱的史料来源区划为8类，认为清代年谱学发展，以写作风尚的形成、修订年谱理论和体例的发展为标志，还探讨了适合于年谱制作的政治、学术环境，清人年谱的数量和写作时代。年谱史料价值分政治制度史、政治事件、吏治与赈灾、战争史、学术史、史学、版本目录学、思想史、文字学、地方事务与民风社俗、中外关系史介绍，全面而深入。这一研究深化了人们对年谱的认识。再如他阅读过大量清宫档案，发表过《清代引见履历档案的史料价值》（《故宫博物院院刊》1996年第4期）等论文，对履历等档案的传记价值介绍是在研究基础上进行的，分析到位。他不仅多方面介绍尺牍作者的传记素材，而且为了深入把握尺牍的史料价值，特别利用《秋水轩尺牍》给作者许思湄制作年谱，展示了著名幕客许氏一生的经历和重要活动。而对于文集序跋传记史料的介绍，将书序、寿序、送行序、之官序、书后加以比较，多是经验之谈。

　　传记资料尤详于人生历程、个人生活的纪录，对于社会史研究来说是重要的资料来源。冯先生在介绍清人传记资料的价值时，特别注意在社会史研究中的价值。他指出："清人传记史料的特点，就是体裁多样，数量繁多，质量上乘，记录了众多的、各种社会类型人物的历史，从而能够反映社会生活的方方面面。"（第10页）冯先生十分注意文集、方志、笔记特别是家谱对社会中下层人物的历史纪录，捕捉农夫、工匠、商人、隐逸、孝义、伎艺、方外特别是妇女的历史痕迹，不惜笔墨多做介绍。突出者如分门别类论述族谱中平民女子、仕宦命妇和貤封承受人、士人、农民、商人的传记史料，分析地方志中女子、释道、方伎、孝义、儒林文苑各种传记史料的特点。在对《孔府档案选编》介绍中着重论述佃户，以明了农户居于何处，租地时间、数量和纳租数额，意在揭示下层农民的历史。女性资料方面，介绍了《国朝贤媛类征初编》中孝、敬、慈、节、烈、义各类女子的社会生活，指出这是一部具有较高史料价值的资料集。从女子的精神面貌着眼，对《清史稿·列女传》进行详细评说。可以说，该书对于关心社会史资料者不无参考价值。

本书说明清人传记史料书籍的作者、内容、文体、出版、收藏、利用情况及有关的工具书，具有工具书的性质。冯先生在前言中指出，写作此书是为提高传记著作的质量而工作。"大量的人物传记，对于人们认识历史，认识自身和家史，尤其是快速接受历史知识的价值，有着不可忽视的价值""想给清代人物的研究者、文学艺术创作家，以及为寻觅先人历史资料的民众提供一点方便"。所以该书多从有助于人们认识史料的用处和利用史料着眼，成为人们寻找清人传记资料的方便通道。

（原载《中国学术》2002 年第 1 期）

冯尔康师《徽学研究》读后

《冯尔康文集》由天津人民出版社于2019年发行，业师这部十卷本文集的第八卷为《徽学研究》，笔者拜读书稿，认为这是徽学研究的重要成果，有助于女性史、宗族史及谱牒学等方面的研究，愿意将该书介绍给学术界，一起分享读后感。

一、冯尔康师徽学研究经过

《徽学研究》有冯先生写的前言，介绍了他徽学研究的经过。冯师说他对徽州史及现在学术界说的徽学的兴趣有两个机缘：一是20世纪60年代初，写作清中叶江南地租形态的研究生毕业论文，导师郑天挺教授要他找一个地区做比较，冯师即在两个邻近地区选择，一个是浙江的嘉湖，与江南的苏松常太，是明清时期赋役最重的六府一州，有共同特点；另一个是宁国、太平、池州、徽州所在地的皖南，这里多山区，与苏南同属于两江总督辖下，他选定皖南做比较，于是阅读这四府的方志，对徽州府和宁国府尤其注意，印象尤深的是浙江、江西、福建人到徽州租种山地，搭棚居住，

《徽学研究》封面

被称为"棚民"，因为开垦山地、破坏坟山，并且导致河流堵塞，影响水利灌溉和航运，引起官方注意。由于来不及进行苏南、皖南的地租形态比较，论文就没有运用皖南的历史资料。"文化大革命"后，冯先生重新关注清代地租形态史，写出《试论清代皖南富裕棚民的经营方式》，发表于《南开大学学报》1978年第2期，研究生毕业论文部分内容形成的《十七世纪中叶至十八世纪中叶江南商品经济中的几个问题》，1986年发表在《清史论丛》第七辑。此后，冯先生对徽州史有所留意，如1991年刊出《古代宗族乱以名贤为祖先的通病——以明人〈新安萧江宗谱〉为例》。冯师因关注家乡扬州仪征史，得知清代仪征出现阮元等人才，与徽商在扬州、仪征兴办安定、梅花、乐仪三书院有关，先后写出《清代仪征人才的兴起及原因》《明清时期扬州的徽商及其后裔述略》。①

另一个机缘是，2014年安徽大学徽学研究中心邀请冯先

①冯尔康：《清代仪征人才的兴起及原因》，原刊《扬州研究》，台北联经出版公司，1996年；《明清时期扬州的徽商及其后裔述略》，《徽学》（2000年卷），合肥：安徽大学出版社，2001年。

生为特聘研究员，冯师应承聘任，要给研究生上课，继续徽学研究，在徽州宗族史和徽州女性史两个领域下了力气，写出若干篇文章。

冯先生在前言谈到他在这两个领域研究的心得。首先谈到对清代徽州贤媛的独立谋生能力与历史识见的认知：

徽学已成为当今的一门显学，有关论著颇多，但对清代徽州女性史的研究需要深入进行，特别是论述在传统社会女子独立谋生及其技能，女子的历史观，整个学术史上尚属少见，我从清代徽州贤媛的吟咏社会、历史诗赋中，认识到她们对时事的感受，对民生的关切，对历史的认知，主要是：（1）对乱世的痛恨，向往安定社会的生活。（2）对世事不平的愤懑，对民艰的同情与济贫愿望，追求公正世道。（3）对历史的浓厚兴趣，臧否帝王的外儒内法政治思想纲领，主张以智慧和事功作为评论历史人物的标准，在清朝民族压迫政策下流露汉民族情怀。（4）讴歌历史上杰出女子，为女性争取应有的历史地位。她们对历史的认知，令人钦敬，试想她们对史实的掌握不可能太多，而对一些事件、人物认识的准确，今日的史家也不过如此。

由此可见，冯先生对清代徽州女性的研究意在推动徽学的进展。

其次，谈到对明清徽州名族的看法：

认识到明清徽州名族是中古士族的遗绪，传承士族
文化。古代宗族史的研究论文，可谓汗牛充栋，我从徽
州名族的内部、外部（社区）、文化建设及与徽商关系
诸方面作出较全面的研讨，得出的结论是：明清时期的
徽州"名族"，是中古士族的遗绪，是士族文化的延
伸。……中国家庭、家族极其关注文化教育，形成中国
文化的优良传统，这要归功于士族的身体力行与倡导，
同时也应"归功"于科举制，中古以降的名族、望族赓
续士族传统，使得注重家族文化教育成为传统社会主
脉。当代学术研究认为徽商有着"贾而好儒"的品质，
然而何种社会因素使其形成此种特性呢？我想到徽州名
族高度重视文化，深入人心，变成文化传承基因，或者
说名族成员血液中就有文化因子，为徽商承继下来。

冯先生对明清徽州名族的研究对于徽州宗族史的研究也
是一个推动。

冯先生的徽学研究主要体现在明清时期徽州宗族、徽州
女性、徽商及徽州文献方面，也涉及徽州棚民与天主教传教
问题，宽泛地说属于徽州社会与文化的范围。先生关注徽州
问题早在20世纪60年代初，1978年发表了有关皖南的第一
篇学术论文，不过收入本卷有关徽州宗族与女性的主题论
文，则是写于2014年过了八十岁以后，可谓老当益壮，学术
长青！

二、冯著《徽学研究》概述

本书收入19篇论文，我将论文分为六组，做一简介。

（一）明清徽州名族研究。这一组有论文4篇，集中发表于2016年。以往中国谱牒学研究已经注意到中古时期盛行的名族志，宋以后名族志衰落，明代是名族志出现最后的朝代，而且集中在徽州，即《新安名族志》《休宁名族志》。然而学术界虽然从谱牒学、文献学的角度探讨过这两部书，遗憾的是对于书中记载的"名族"缺乏深入研究。冯先生的这组论文无疑具有重要学术价值。

《明清徽州名族是中古士族的遗绪》（《历史教学》2016年第3期）一文提出，明清时期徽州名族是"历世久远的血缘群体，在贤明仕宦绅衿主导下从事文化建设，形成宗法性仁让敦厚的人际关系和社会风尚，成为民间楷模，并以此不同于一般的宗族"。比较明清名族与中古士族可知：均是世系绵延的血缘群体；世代高官与官宦衿士代不乏人；婚姻重门阀与良贱不婚；编纂族谱一在出仕与联姻，一在凝聚宗族；重视文化教育，主导思想有所不同；内部组织结构相同；居地与郡望。总之，名族与士族在构成宗族重要成分方面基本相同；名族与士族在与皇权的关系中地位相差较大，在出仕上，士族出任高官，长期掌握朝政，名族官宦无常，绝不能操纵政权；明清徽州名族是中古士族遗绪及名族在中国宗族通史中的位置：具有某种贵族性的士族是构成政权的主要成分；名族与同时存在的其他地区望族是政权基层秩序的保障力量，获得朝廷允许的某种乡里"自治权"和族内管理权；士族在文化教育方面影响巨大。

《构成明清徽州名族的诸种因素》（《安徽大学学报》2016年第2期）一文，旨在说明明清徽州名族长期存在的原因及特色，讨论的问题有：致力于培养仕宦科举人才并由其营造俗美声誉，名族在社区建设中提升自身品质，名族成员文化贡献、明清之际思想活跃与树立家族名声，徽商睦族惠乡光大宗族以及徽州，严禁良贱通婚维持名族荣誉，名族在解决族内外纠纷中延续。最后特别强调两点：名族代替政府从事社会公益事业和建立地方稳定社会秩序，关于传统社会伦理道德所建立的社会秩序的理解。

《明清徽州名族的自我建设及其状态》（《徽学》2017年卷）一文，从村落选址、建设、聚族而居与人丁兴旺，祠堂设立、管理与祠祭，祖墓建设与隆重墓祭，名族世代延续的记录——族谱，名族成员编辑家族及地方文献以强化名族意识，兴办族学这六个方面论述明清徽州名族的自我建设。概述徽州名族生存状态是：名族从事内部建设形成族内风俗修美的生活环境，各个名族目标一致地共同营造社区和合的环境，名族共建府县社会治安环境。

《明清徽州名族对社区的建设及其积极作用》（《安徽史学》2016年第4期）一文，探讨名族对社区的种种建设及其与民众生活的关系，说明社区建设对社会、对名族自身的意义。作者强调：有"社"之村落、地区是真正的"社"区。名族的社区建设体现在以下各方面："社会"建设与各种祀神活动，宗族设立社"会"管理社务，社区崇祀诸种神灵及盛大社祭，有益生产的公益建设，多种内容的救助活动，佛道寺观建设，疏解纠纷稳定社区。名族从事社区建设的原因与意义主要是：名族本身需要良好的社区生活环境，建设社区是作为民间楷模的名族应有内涵，必备条件；名族的族内和社区建设，是代替政府从事公益事业从而获得某种自治权。

以上四文之外，冯先生《宗族与村落建设述略——以明清徽州为例》（朱炳国主编《家谱与地方文化》，中国文联出版社，2008 年）也探讨宗族的社区建设，故这篇较早写作的论文在本组介绍。冯先生自谓该文"一则说明村落建设的种种内容，二则交代宗族与村落建设的内在联系以及同地方政府的关系"。文中从村庄选址、整体规划、居民住宅、公共建筑（分为生产型、信仰型、教育型、生活型四大类）论述了宗族村落建设及其内涵；接着论述村落建设的组织者，包括：从宗族请求政府对社区"立法"看其主导作用，宗族规约对村落生产、商业建设的规范与指导作用，宗族负责筹划、安排村落群体文化娱乐生活，借此说明了宗族与民间生产、生活秩序的建立。最后总结说：宗族是族人村落及其社区各种公共生活的组织者、管理者，宗族起着某种中介的作用。

（二）清代徽州女性研究。这一组论文5篇，主要取材于傅瑛主编的《明清安徽妇女文学著述辑考》（黄山书社，2010年）一书，论述徽州贤媛的生存状况及思想观念。长期以来，有关明清时期徽州女性的史学叙述，大多是将其作为封建宗法的牺牲品看待，特别是关注贞节烈女，事实上徽州女性多有识字才女，对其研究也较为薄弱。冯先生对于清代徽州女性的探讨，揭示出她们生活较为独立的另一面。

冯先生也使用"贤媛"一词探讨徽州女性。所谓徽州贤媛，是指父家和夫家任何一方是徽州籍的女子。徽州贤媛中许多人并不生活在徽州，而是在江浙地区。"贤媛"往往是才女，《清代徽州贤媛的治家和生存术》（《天津师范大学学报》2015 年第 5 期）一文讨论的问题有：女承子职赡养老亲，不婚或晚婚；靠文化艺术知识承负维持家庭的使命；维系家庭，光大门庭；江浙的生存环境为徽州贤媛提供了有利的条件。总之，认为徽州才女独立解决生计难题，江浙社会为她们独立谋生提供了相对有利的生存环境。

《清代徽州贤媛出色的社会历史见识》（《明清论丛》第十五辑，故宫出版社，2015 年）论述清代徽州贤媛诗赋所表达对时事的感受、民生的关切、历史的认知：感受战乱痛苦向往太平生活，伤时愤世追求公正世道，主张仁政的政治思想，为女性争取应有的历史地位及评价标准。作者特别强调了清代徽州贤媛论史、论政的特点，赞誉她们的识见难能可贵。

《清代徽州才女的文学创作生活与思想境界》（《天津师范大学学报》2017 年第 4 期）是篇长文，学术界对于清代徽州才女已有一定研究，先生的继续研究"原因有二，首先是为全面明了徽州才媛的生活和生存问题，她们诗赋书画的创作与生活的结合状态，创作生活与现实的社会生活关系，也即在娘家、夫家及其家族、姻亲间的生活状况和创作，闺阁友朋、师傅的酬唱生活，独自谋求生存中的智慧与能力及其诗词中的记录。她们生活究竟是怎样的，从多样性的实际生活中去认知她们的写作。其次，方法论上多角度观察徽州才女的思想状况，……还希望具体了解清代徽州才媛的全面思想状况及与写作关系，试图理解她们丰富多彩与颇具意义文化生存方式，理解她们的精神世界，理解她们在其观念主导下的诗词创作所表现出的社会生活，反映出的创作理念"。该文论述的主要问题是：为女子吟诵唱赞歌，记录娘家生活及其延续的诗作，夫家生活的欢乐与忧伤，闺阁酬唱联谊道情。认为清代徽州才女具有四个特点：一是清代徽州才女辈出，诗词绘画创作成为她们生活的重要内容，为徽州女性史、妇女文学史增添光彩；二是徽州贤媛凭借文化知识和艺能，独立解决生计生存问题；徽州才女对社会、历史有出色见识和富有同情心；清代徽州才女思想处于前近代阶段，较前开拓，难能可贵，但从观念上走向近代社会尚有一个长过程。

《清代九旬女史孙旭娸的顽强生活态度》为先生 2016 年在天津广播电台演讲稿。孙旭娸，字晓霞，生活在康雍乾时期，享年约 90 岁。其父亲是秀才，徽州歙县人，移居江苏无锡。她从父亲学得文化，会写诗、懂医书，因家境贫乏，决心不婚，在家养活父母。冯先生赞扬她憎恶社会贫富不均而又积极生活的态度，认为能够给后人认识古代女子谋生史开启思路。

《明清安徽女性文学是厚重文化积淀的表征》一文是傅瑛主编《明清安徽妇女文学著述辑考》（黄山书社，2010年，以下简称《辑考》）序言，该书共九卷，分地区辑录给

654位明清安徽女性文学作家传记资料及其代表作，尽可能著录其亲属史事以资参考，是一部大型资料与研究并存的著述。冯先生赞誉该书"汇百多家史文献资料，给明清两代两性关系史、社会生活史以至政治史研究的方便，功德无限"，并以安徽合肥女子许燕珍为例，说明傅教授的《辑考》辑录了许燕珍的大量资料，"《辑考》为许燕珍立出专题，先是给出她的小传，接着罗列十种有关许燕珍及其家世的资料文献，最后选录许燕珍诗词二首"。傅教授关于许燕珍辑考，"用力极勤，搜求颇富，资料翔实，诚为文选佳作，既彰显皖省女性文学先贤，又为学术界提供足资利用的研究资料"。也正是《辑考》的资料性与学术价值，成为冯先生研究清代徽州女性主要依据的资料，傅瑛教授可谓遇到知音。

（三）徽商研究。徽商是明清时期非常有名的商人，尤其以扬州的盐商最为著名。《明清时期扬州的徽商及其后裔述略》一文，首先利用清代历修《江都县志》制作了《徽州祖籍江都人功名、善举表》《祖籍徽州人侨寓、入籍仪征表》《徽州祖籍扬州人仕宦表》《祖籍徽州的扬州人家族举例表图》《在扬州的秦晋徽人分籍科举统计表》《在两淮的秦晋徽人统计表》六个表格，探讨徽州人在扬州经商及定居简况；又从兴办学校、开展学术文化活动、修建祠庙三方面，论述盐商协办文教事业与开展文化活动；再从协助建设慈善机构、商人个人义举、社会公益事业中盐商与土著的结合三方面，讨论盐商协办地方公益和福利事业，强调"商人、移民在一定条件下是社会变革的活泼因素"。

（四）徽州文献研究。文书与族谱是徽州最具代表性的文献，现存明代族谱绝大部分是徽州的，而今存徽州契约文书数量巨大。作于2013年的《从社会风貌认识徽州契约文书的史料价值》一文为读书笔记，旨在探讨徽州契约文书的社会史资料价值，认为：契约文书揭示买卖双方（尤其是土地房屋买卖双方）交易行为中的心态和社会风气，契约文书记录个人、社会诚信度状况，契约文书含有社会人际关系、社会群体、等级和社会结构某些因素的记录，契约文书表达契约当事人与政府的某种"合同"关系。有意思的是，先生认为徽州契约文书所反映的清代社会买卖风情遗风未熄："今世农村出卖宅基地予人（成为"小产权"），而后要求加价；有人买楼花钱之后，得知卖方因行市关系而减价，遂要求一同减价。此类现象，是传统社会找赎风习的延续，观念类同。"

《古代宗族乱以名贤为祖先的通病——以明人〈新安萧江宗谱〉为例》（《第五届亚洲族谱学术研讨会会议记录》，台北联合报文化基金会国学文献馆1991年）一文以明人《新安萧江宗谱》为例，鉴于该书杂糅了徽州江氏、郑氏，合肥郑氏、褚氏的世系；其宗谱所载萧江先世世系明晰，然而错误百端，遂将萧江氏作为古人乱认祖先的典型宗族看待。于是决疑辨难，对该谱深入考证，证明其记载族源不明，伪造始祖辉煌历史；易姓始祖事迹于史无据，显系作伪；江与郑合谱，令人不明原委。考证过程引人入胜，令人信服！不仅如此，还分析了乱认祖先的通病及其社会原因，指出古人作谱乱认祖先有多种办法。联宗合谱是常见的形式，买谱、卖谱是冒认祖先的另一种方法。还有一种常用的手法是自我作伪，即自认是某人子孙，写在谱上。撰写谱牒乱认祖先的原因是：为出仕和晋升，为了通婚的需要，传统的门第观念影响所致。还有一个客观原因，就是对祖先的无知。谱牒的史料价值何在，先生从谱牒的体例、书例及其内容分析指出："最大缺陷是乱认祖先和伪造先人的显赫业绩，也即族源不确实，先世世系混乱，传记与事实不合。"尽管如此，萧江宗谱的世系表保存了江氏及郑氏宗族史的资料。"说明一部乱认祖先、讹误甚多的谱书，也有它的史料价值，可供学术研究采用"。

《搜集徽学研究资料点滴谈》中（《徽学》2000卷，2001年）先生强调："徽学因有文书而成为专门之学，而研究也正在蓬勃开展，我想，徽州文书的搜集仍然是需要大力进行的，其实，这也是徽学研究的一项任务。"

（五）书序。收录的3篇书序，可以视为学者之间的交流。《当代的州郡谱》是为黄山市政协文史委员会编《徽州大姓》（安徽大学出版社，2005年）所作序，认为该书是一部徽州宗族史和姓氏学的专著，写出徽州居民的迁徙、宗族与村落、仕宦、经商、文化教育各种活动以及知名人物。同时提出，此书也有三点可以讨论：一是得姓渊源和远古、中古世系排列，有没有必要花那么大的精力？须知有许多宗族是弄不清楚的，排出来的世系也未必准确；另一个是写作范围问题，与徽州只是同姓氏的明清以来的大名人写进书中，就令人产生"借才"的质疑；有一些篇在写到某人时，名下加"公"字，大约是表示尊敬；有的在讲到某人的世代时，云"某世祖""某世孙",如果是本家族的人写文给本家看,自然不妨称"公",称"某祖",可是给包括外姓的广大读者阅览,则不宜这样写了。

《感受"徽学"》是为卞利教授所著《明清徽州社会研究》(安徽大学出版社,2004年)一书序言,序中肯定作者对于建构徽学学科的努力,并与著者就徽学概念展开讨论,强调契约文书对于徽学的重要性,还对一些问题的行文等提出自己的看法。

《喜读一部徽州人口史专著》是为胡中生教授著《明清徽州人口与社会研究》(安徽大学出版社,2016年)作序,认为该书在一个不大的领域从事整体史研治,对历史学而言是非常有意义的探索。关注徽州人口分流,抓住了徽州人口史的主要问题,这是完成论题目标的关键所在。

(六)其他。《试论皖南富裕棚民的经营方式》是改革开放初期的论文,当时先生的学术兴趣在研究农村阶级关系,将皖南富裕棚民作为考察对象,注意到富裕棚民向山主交纳货币地租,富裕棚民与业主基本是契约关系,富裕棚民少许雇工生产,部分地为出卖而生产。强调富裕棚民的经营方式孕育着资本主义萌芽的因素,富裕棚民是资本主义租地人的先驱。

《清代前期安徽天主教史三题》(《安徽史学》2015年第1期)是先生所研究的地区天主教史之一,以往对于清代安徽天主教传教情况研究薄弱,先生利用《清中前期西洋天主教在华传教活动档案》《耶稣会士中国书简集——中国回忆录》《欧洲所藏雍正乾隆朝天主教文献汇编》《在华耶稣会士列传及书目补编》等资料，对安徽天主教活动区域作了钩沉，考察了安徽西洋传教士的活动，探讨了安徽天主教徒在外省的情况。注意到徽州的天主教不兴盛，推测"是这里的宗族势力强大、理学观念强烈有以致之？笔者有了疑惑，认为是值得探讨的问题"。

三、关于明代徽州宗族研究的一点联想

拜读冯先生徽州宗族研究使我产生了一个联想。冯师提出"明清徽州名族是中古士族的遗绪"的观点，这是通过比较明清徽州名族与中古士族特征后的看法，证诸明代徽州的两部名族志，理由充足。不过，冯师对于《新安萧江宗谱》的研究揭示了古代宗族乱以明贤为祖先的通病，可见明代徽州宗族建构宗族历史，打造"名族"的具体事例，令我联想到，名族志有无建构祖先辉煌历史的动机或者成分呢？如有，明代宗族将自己与中古士族联系在一起了。因此，我们在这里以《新安名族志》记载的萧江氏宗族为例做一考察，从一个侧面判断该书记载的倾向性。

明代戴廷明、程尚宽等撰《新安名族志》，成书于嘉靖时期，该书后卷载有江姓，在介绍徽州各县江姓各族之前，总说了江之得姓经过：

> 江出嬴姓，伯益之裔。玄仲受封于江，因以为氏，郡号济阳。
> 又有萧江氏，本姓萧，唐宰相遘之仲子曰祯，以为

护军兵马使，广明间伐巢有功，封柱国上将军，镇守江南，驻兵于歙黄墩，谋复唐业不克，遂指江为誓，易姓江焉，郡号兰陵。①

可见新安萧江氏以萧祯为始迁祖，萧祯令子孙改姓江，他又是萧江氏易姓的始祖。冯先生在《古代宗族乱以名贤为祖先的通病——以明人〈新安萧江宗谱〉为例》中指出：

查两唐书和新旧五代史，没有萧祯的传记，徽州地方的府、州、县、镇志，我涉猎了多部亦无记载，南宋淳熙年间编纂的《新安志》，未见关于萧祯的任何文字，明代弘治时期修辑的《徽州府志》同《新安志》一样无有萧祯的只言片语。

看来萧祯有可能只是萧江氏谱牒中才有的名字，明嘉靖以前正史与地方文献中均无此人物。冯师继续考证，"所谓萧遘之子萧祯抗击黄巢活动的不可靠……萧祯是萧江氏家族经过长期传说而编造出来，并形成文字记载，以之为始迁祖，易姓始祖"。

《新安名族志》所记歙县上临河、婺源县旃坑萧江氏家族时都提到萧江得姓的历史，其中婺源旃坑的记载还有唐宰相遘之前的历史：

---

① 〔明〕戴廷明、程尚宽等撰，朱万曙等点校：《新安名族志》，合肥：黄山书社，2004年，第520页。

本姓萧，汉丞相何辅高帝定天下，以功封文鄜侯，
世袭侯爵，至萧衍有天下，是为九梁。高祖武皇帝唐初
有萧瑀者，历官宰相，太宗甚见宠，因赐诗曰："疾风
知劲草，板荡识忠臣。"其后显耀相继，世称"八叶金
貂"。①

据冯先生《古代宗族乱以名贤为祖先的通病——以明人
〈新安萧江宗谱〉为例》一文考证：萧江氏与许多萧氏宗族
一样，以萧何为始祖。尊萧何的现象最迟产生在南齐，唐宋
时期许多学者认为兰陵萧氏出于萧何。兰陵萧氏是否为萧何
遗胤，在历史上存在着疑问。冯师再加申述和补充：

> 萧望之不是萧何的遗胤，自认为是望之后裔的人自
> 然更不与萧何相干。齐、梁皇室既是出自兰陵萧氏，萧
> 望之只是先人居于兰陵，他的裔孙未见回归，如果有萧
> 整、萧道成、萧衍那些血胤，他们之间联系的最大可
> 能，是萧望之迁徙杜陵时，有族人留在兰陵，而这族人
> 或者是齐、梁室的祖先，如此而已。

新安萧江氏不是兰陵萧氏为萧何后人说的制造者，萧江
氏只是跟着学舌，但该族"族源不明"。冯先生还指出萧江

---

① 〔明〕戴廷明、程尚宽等撰，朱万曙等点校：《新安名族志》，合肥：黄
山书社，2004年，第528页。

氏谱系：

上续萧何，中缀"八叶宰相，名德相望，与唐盛衰"相一致的兰陵萧氏，①为宗族涂饰光辉色彩。

可见从萧何到萧祯之间的谱系，也是移入萧江谱牒的。

至于萧江谱系的江与郑合谱等问题，经冯师严密考证，可知更是建构所为，我们就不再赘言了。

由上可知，《新安名族志》记载的萧江族源与谱系，不少是历史上萧姓不断叠加造成的，也是宋以后特别是明代萧江氏有意建构的，作为嘉靖时期编纂的《新安名族志》，将萧江氏提供的祖先事迹与历代谱系收入，认可徽州萧江宗族"名族"的地位。其实收入萧江谱牒的明贤绝不是孤立现象，《新安名族志》郑佐序开宗明义："名族志之义有二焉：尚世也，尚贤也。族衍于世，世沿于贤。"②该序还说："尚世以统宗，尚贤以延世。"③冯师揭示的萧江氏"乱以明贤为祖先"，应是《新安名族志》所收名族的通病。《新安名族志·凡例》谓："名族实迹，其忠孝、节义、勋业、文章，

---

① 〔北宋〕欧阳修、宋祁等撰：《新唐书》卷一〇一《萧瑀传·赞》，北京：中华书局，1975年，第13册，第3963页。

② 〔明〕戴廷明、程尚宽等撰，朱万曙等点校：《新安名族志》，合肥：黄山书社，2004年，第1页。

③ 〔明〕戴廷明、程尚宽等撰，朱万曙等点校：《新安名族志》，合肥：黄山书社，2004年，第2页。

有关世教者，不拘隐现存殁，悉在所录。"①萧江氏为了成为名族，确实在建构与名人的联系，建构"名族实迹"。②即使是徽州非常著名的汪、程两大姓，其历史也是晚近建构的。章毅《迁徙与归化——〈新安名族志〉与明代家谱文献的解读》一文指出，休宁县汪、程二氏都存在着三个层次的祖先，"渡江祖先——本地始祖——分派祖先"。其中本地始祖是真实的历史人物，渡江和分派祖先多是虚拟的名称。他们具有各自不同的象征意义。③

　　总而言之，冯先生所著《徽学研究》是一部富有启发性的徽学专书，尤其是对于徽州社会史、文化史的研究具有一定的推动作用。在此祝贺先生的新著出版！

（原载《中国社会历史评论》第30卷，天津古籍出版社，2023年）

---

①〔明〕戴廷明、程尚宽等撰，朱万曙等点校：《新安名族志》，合肥：黄山书社，2004年，第15页。

②《新安名族志》提到萧江氏谱牒修纂情况是：婺源旃坑派北宋时江总"修辑江氏谱"，明江元辅"集有《家专录》（疑为《家传录》）"；祁门浯嘉潭一支出婺源旃坑派，明代熙祖、自洪父子"同修统宗谱"，绍"与婺族倡立中平总祠及萧江统谱"。分见该书第528、530、537页。

③田澍等主编：《第十一届明史国际学术讨论会论文集》，天津：天津古籍出版社，2007年。

杨国桢教授《明清土地契约文书研究》读后二题

　　杨国桢教授是我国著名学者，我在大学读书时就得知先生著有《林则徐传》（人民出版社，1981年），是著名的林则徐研究专家。后来陆续见到他发表的有关明清以来乡村社会经济史的论文，特别是《明清土地契约文书研究》（人民出版社，1988年）专著的出版，钦佩杨老师对于明清乡村社会经济史特别是土地契约文书的深入研究。后来更没想到，杨老师又开展海洋社会经济史暨海洋人文社会学的探索，筚路蓝缕，颇具开创之功！

　　近二三十年，杨国桢先生在中国海洋社会经济史、海洋人文社会研究方面取得丰硕成果，不仅主编《海洋与中国丛书》《海洋中国与世界丛书》《中国海洋文明专题研究》等，还有四部中国海洋史著作：《明清中国沿海社会与海外移民》（高等教育出版社，1997年）、①《闽在海中：追寻福建海洋发展史》（江西高校出版社，1998年）、《东溟水土：东

271

---

①郝海东：《从中国海洋经济社会人文的视野考察海外移民——评〈明清中国沿海社会与海外移民〉》，《海交史研究》1997年第2期。

南中国的海洋环境与经济开发》(江西高校出版社,2003
年)、《瀛海方程:中国海洋发展理论和历史文化》(海洋出
版社,2008年),是时下中国海洋史研究热中的重要学术
成果。

我并不是契约文书研究的专家,不过近来的学习多涉及
乡村生活史,因此想就杨先生的《明清土地契约文书研究》
谈点读后感。这部大著出版于1988年,距今已经三十多年
了。该书问世就受到好评,被誉为"中国契约学"中的一项
重大成果、开拓契约文献学研究新领域,"既继承了业师傅
衣凌先生重视民间文献的研究传统,又表现了进一步推动契
约研究的系统化和专门化的努力方向。这对明清契约文书学
的发展,无疑将有着承前启后之功"。[1]1998年,该书荣获首
届郭沫若中国历史学奖,2009年,该书修订版又收入中国人
民大学出版社发行的"当代中国人文大系",再次受到学术
界的关注。2021年,北京师范大学出版社再出第三版精装
本,使得该书更加完善。

杨先生在第三版序开头部分介绍新书:"把精力和时间
放在版本的校勘上,找出原稿与第一版、修订版反复对照,
追踪史料来源,把引文和古籍或原始契约文书抄件一一核
实,务求准确无误地体现当年的问题意识和研究方向,试图
为学界研究中国契约学发展的学术史,提供本书一个完备的
版本。"特别是作者在这一长序中就2010—2019年学术界对

---

[1] 《东洋史研究》1989年第48卷第2号;力章:《开拓契约文献学研究新
领域的呼唤——读杨国桢著〈明清土地契约文书研究〉》,《古籍整理》1989
年第2期;《中国史研究》1990年第1期。

中国契约文书的发现、整理与研究的状况，做了详尽的评述。杨先生说，这十年是契约文书纳入中国社会科学知识体系以来的黄金时代，表现在如下三方面：一是体量万件以上的契约文书库形成，二是华北、中南、西南地区出现新突破，三是中国契约学的建设有了新的探索。该序可以视为一篇出色的学术综述。

我以为新版的简介评述十分到位，这里引出以表达我的认同："著者利用国内外收藏的明清土地契约，对明清时代的经济结构、土地制度和土地契约关系的特点，地权分化的历史运动，贵族地主经济、庶民地主经济和山区经济的变化等问题，做了新的探索，进行了综合性的研究，在法学、比较史学的观照下，以民间文书证史，揭示出中国古代土地所有权的丰富内涵。围绕山东、安徽、浙江、江苏、福建、台湾、广东、广西的土地契约关系的特点，进行区域性的专题考察。两方面互为补充，彼此参照连贯，深入阐述了明清时代乃至秦汉以降中国古代农村社会经济的结构及其演变趋势，为研究中国契约学、明清社会经济史拓展了新途径。"对于我而言，该书在探讨日常生活史与共同体问题方面，颇具启发，感谢杨先生写了这部佳作，下面略陈我的两点体会。

首先，该书对于日常生活史特别是农民生活的研究具有重要参考价值。杨先生为《明清土地契约文书研究》所作序言值得注意，他开宗明义，高屋建瓴地指出："契约文书是我国民间使用长达数千年、广为流行的一种私文书。凡在社会生活中发生的种种物权和债权行为，需要用文书形式肯定下来，表示昭守信用，保证当时人权利和义务的履行，便形成契约文书。因此，它是一种法律文书和私家档案，又是特定时期特定地区社会经济关系的私法规范。作为私文书制度的一个独立的系统，它所反映的下层社会日常生活的种种法权行为，构成我国民间传统文化——俗文化的一个重要组成部分。"这个认识告诉我们，契约文书属于"私文书"，是社会生活的产物，反映下层社会日常生活的种种法权行为，是民间传统文化的重要组成部分。也就是说，我们想要了解明清乡村社会日常生活，离不开对于土地契约揭示的经济结构、土地制度和土地契约关系的认识。如杨先生书中重点考察了农民永佃权问题，就有学者参考杨先生及其他学者的研究成果开展农民生活史的研究。周荣教授指出："综观现有研究成果，不难发现，学者们对永佃制的理论阐释非常充分，而对永佃权与农民生活的关系却很少关注。事实上，永佃权与农民的生活息息相关，几乎影响到农民生活的各个方面。深入探讨永佃制与农民生活的关系，不仅有助于我们立体地了解清代农民的实际生活状况，而且有助于我们对上述正在争论的理论问题的把握。"[1]基于这种认识，周荣结合清朝刑科题本档案资料，指出永佃权与农民的安身立命、兴家创业，与农民生活中的意外和变故，与民间冲突和纠纷的关系。事实上，杨先生在书中也采用了土地契约文书与清朝刑科题本资料结合的研究方法（如第228页）。我近年来尝试利用清朝刑科题本土地债务类探讨清人日常生活，感到杨先生

①周荣：《永佃权与清代农民生活》，《史学月刊》2002年第4期。

的大著是重要的参考文献。

　　杨先生书中诸多论述有助于理解清代生活。如他较早利用了民间日用杂书讨论农民生活，指出《新编事文类聚启札青钱》"此书原刊于元代泰定元年（1324），明中叶还反复刊刻，可知在明代前中期在社会上还是很流行的。实际生活中，'典雇'并不限于子女，典雇自身或妻子，甚至典雇全家，也是很普遍的"。[①]特别是杨先生对于清代福建农村土地抵押借贷与典当的数理分析，揭示了清代福建农村土地贷借的概率和常态：福建出土地收益（或地租）抵付本息的方式有逐年交纳利息、到期还本方式和到期抵还本利两种。"每次借银5两以内，出押的土地收益或地租量为私人土地（民田）1石以内，或乡族共有地（祭田）20担以内；土地收益权投入贷借状态的时间为民田5年或祭田1年；月息率为20%~30%"。[②]这一研究，有助于我们了解农民的日常生活。

　　其次，该书启发人们重新认识"共同体"问题。1998年，杨先生为庆贺著名经济史专家李文治先生九十寿辰，写了《中国封建土地所有权史研究断想》一文，他强调："我在1982年'中国封建社会经济结构学术讨论会'上提出的'私有权与共同体所有权结合论'。我至今仍认为，对中国式封建土地所有权观念的这一认识，比较接近和符合传统思维习惯和实践方式。……这一立论的历史社会依据是所有者主

---

　　①杨国桢：《明清土地契约文书研究》（第三版），北京：北京师范大学出版社，2021年，第52页。

　　②杨国桢：《明清土地契约文书研究》（第三版），北京：北京师范大学出版社，2021年，第380页。

体的多元性。我们把所有者主体分成三个层次：国家（大共同体）、乡族（小共同体）、私人，各有不同的所有权利，或强或弱、或隐或显地制约着产权的移转和变更。"①杨先生特别在修订版序中收录了这些看法，表明他的一贯立场。这个中国封建土地所有权的"私有权与共同体所有权结合论"，提出了国家与乡族大小共同体所有问题，或者说提出从土地所有权理解共同体的问题，颇具启发意义。

杨先生在书中依据马克思主义有关论述比较了中国与欧洲的土地所有权问题。他指出："一般而言，封建土地所有权表现为共同体所有与个人所有的结合，私人没有纯粹的土地所有权，因而个人对土地的支配是有限的。在中世纪的欧洲……原有共同体的土地权利和领主的土地权利结合在一起，领主同时作为共同体的代表和直接生产者发生关系，从而体现了共同体的公有与领主的私有的统一。……在东方一些国家……土地体现了国家的最高权力，作为东方封建国家基础的公社的土地权利和国家的土地权利结合在一起，象征国家的君主又是代表共同体的个人，和直接生产者发生关系。"②

他还谈到国家与乡族大小共同体的关系："中国很早就在乡族共同体基础上组成统一的大共同体——专制国家，每个私人都是国家的'编户齐民'。这样，私人土地还受到国家权力的干涉。这种干涉，仅用国家主权的行政权力来解释也是远远不够的，而应该承认国家在私人土地上也分享了某

---

① 《中国经济史研究》1999年增刊。

② 杨国桢：《明清土地契约文书研究》（第三版），北京：北京师范大学出版社，2021年，第3—4页。

种程度的所有权。……专制国家在自耕农土地上攫取了部分地租的转让，显示了国家土地所有权的现实存在，自耕农随之而来承担一定的经济义务，因而也就存在着一定封建依附关系。"①

杨先生还论述了土地私有与共同体所有的关系。他指出："中国土地私有观念早在战国时期便已出现，但在长期发展演变过程中，在地主佃户制主导地位确立之后，始终没有和国家共同体的土地国有观念及乡族共同体的土地共有观念相决裂。……田主所有权的不完备，正是中国宗法传统社会个人意识欠缺的一种表现。"②

杨先生的上述观点对于认识中国的共同体问题提供了土地所有权的路径。我们知道共同体既基于共同生活，也在于观念的建构，对于中国共同体的讨论应当是多方面的，杨先生的探索无疑作出了自己的贡献，从而使得对这一问题感兴趣的学者从中获得教益。

以上两点不成熟的读后感，敬请杨老师与方家有以教我。

2021年9月3日于津门

（原载《中国社会历史评论》第27卷，2022年2月）

---

① 杨国桢：《明清土地契约文书研究》（第三版），北京：北京师范大学出版社，2021年，第5—6页。

② 杨国桢：《明清土地契约文书研究》（第三版），北京：北京师范大学出版社，2021年，第337—338页。

夫马进《中国善会善堂史研究》评介

　　1997年2月，日本京都大学教授夫马进所著《中国善会善堂史研究》一书，作为"东洋史研究丛刊之五十三"由同朋舍出版。中国善会善堂史是20世纪80年代才正式开展研究的领域，夫马进教授的探讨具有拓荒的性质。这部847页的大书，总结了作者自1982年以来的研究成果，是一部开辟新领域的力作。

　　所谓善会，是指个人自发参加、为共同进行"善举"形成的结社。而为善会所施设或处理事务的建筑，则是善堂。善会、善堂在清代的中国各地相当普遍，特别集中在江南地区。作者从社会福利和近代化、民主化两方面入手，深入探讨了中国的善会、善堂史。

　　该书除序章、终章和两篇附录外，分三部十一章。第一部论述了善会、善堂出现于清初的历史，包括第一章至第三章。第一章"善会、善堂出现之前"，叙述历代中国王朝采取的鳏寡孤独政策，特别以明代的养济院为中心，认为明末善会、善堂的出现并非来源于这种国家的鳏寡孤独政策。第二章"同善会的诞生"，叙述善会中最早出现并对后世有巨大影响的同善会。指出万历十八年最初成立于河南省虞城县、以后由东林党的成员设立于长江下游地区很多城市的同善会，是由具有"生生思想"的人和希望通过善行得到回报的人共同创造的。第三章"善会、善堂的开端"，叙述明末清初特定历史时期出现的各种善会与善堂，包括放生会、放生社、掩骼会、一命浮图会、求生船、恤嫠会、普济堂等，指出育婴堂最初起源于被称为育婴社（育婴会）的结社组织。那种认为育婴堂首先由皇帝创建于北京、随后推广于全国的说法是不正确的。

　　第二部分就乳儿救济和寡妇救济探讨了善会、善堂的具体活动及其发展，包括第四章至第七章。第四章"清代前期的育婴事业"，叙述清代善会、善堂事业中投入了很多人力资源与资金的育婴事业的创始情况，时间断限在雍正二年颁布全国及育婴堂上谕之前。第五章"清代松江育婴堂经营的实际状况与地方社会"，是根据《征信录》（事业会计报告书）进行分析的，指出育婴堂收养的弃婴有50%不满一岁就死去，育婴堂由于资金不足而导入国家的资金，这个本来自发的事业因而具有了徭役的性质。第六章"清末的保婴会"，指出保婴会不同于收养弃婴的育婴堂，它是向贫困家庭提供育儿资金、让他们自己养育婴儿的善会。这种方法使婴儿的死亡率降低在20%以下。第七章"清代的恤嫠会和清节堂"，叙述以救济寡妇为目的的善会和善堂，指出以向在家寡妇提供资金援助的恤嫠会常常变成纯为援助老寡妇的组织，年轻的寡妇带着孩子进入清节堂，等到孩子长大成人再将母亲带走。但由于清节堂生活不自由，愿入堂的寡妇并不多。

第三部探讨善会、善堂和国家、行会、都市行政的关系，以及近代地方自治相关问题，包括第八章至第十一章。第八章"善堂的官营化与善举的徭役化"，通过普济堂的经营状况，指出"国家"与"社会"的互相混淆、公共事务轻易地转化为官方行政事务的现象。第九章"杭州善举联合体与城市行政、行会及国家"，指出清末杭州善举联合体是当地有影响、有实力的人们经营的，各种行会纷纷向这一组织捐款，但资金不足仍很严重，长年担任代表理事的丁丙不得不自己大量出资填补赤字，以至没有人愿意担任。在此可以看到与"公共领域"的发展完全不同的现象。第十章"上海善堂与近代地方自治"，叙述以同仁辅元堂为代表的上海善堂与近代地方自治的关系。第十一章"上海的城市近代化与义冢问题"，针对中国城市中的善堂如何对应近代化日益迫近的问题，以清末上海出现的义冢问题为例展开论述。

附篇一"清代沿海六省善堂的普及情况"，根据地方志资料指出，除了河北省、山东省、福建省的若干城市外，基本上没有设立善会和善堂；而在江苏省、浙江省、广东省可以见到善会、善堂有明显的普及。附篇二"所谓《征信录》"提出，《征信录》是在民间出版、发布的公共机关或团体的事业会计报告书。《征信录》出现于明末清初，以向民间公开的形式接受理事的审查，在此体现了中国独特的公共原理。

夫马进教授强调，善会、善堂在"社团"史中的重要地位，认为这在世界史中是十分特殊的现象。今后，在中国行会、会馆史的研究中也有必要从善会、善堂史的角度来考虑问题。善会、善堂史的研究不仅对中国社会福利史、结社史、社团史的研究是重要的，就是从人类历史中社会融合史的角度来看也是重要的。

近年来，由于善会、善堂问题联系到公共领域的探讨，在海外受到越来越多人的重视，这是需要我们注意的。中国学者自 20 世纪 80 年代以来只有个别学者对善会、善堂问题有所探讨，如冯尔康教授论述过清代的善堂地主及作为社会救济的善堂（见《中国古代地主阶级研究论集》，南开大学出版社，1984 年；《清人社会生活》，天津人民出版社，1990 年）；陈宝良的《中国的社与会》（浙江人民出版社，1996 年）把善会和善堂作为经济型会社探讨。善会、善堂史的研究亟须加强，以推动中国社会史研究的深入进行。

（原载《中国史研究动态》1997 年第 10 期）

明清社会文化的新视野

——梁其姿《施善与教化：明清的慈善组织》评介

    20世纪80年代开始，很多学者正式开展明清时代善会、善堂等慈善组织的研究，其出发点主要是面对现代社会福利问题提供历史性认识。台湾"中研院"中山人文社会科学研究所研究员梁其姿女士就是最早从事中国慈善问题的研究者之一。她的专著《施善与教化：明清的慈善组织》（联经出版事业公司，1997），揭示了施善、教化这两个词汇既表示明清慈善组织的两大功能，也反映出明清慈善组织在一定程度上从前者向后者的历史演变。

    万历十八年（1590）在河南虞城出现了最早成立的同善会，到了崇祯时期，在江浙地区形成风气，并遍布闽、鲁、豫、赣。善会通常由具有名望的士人领导，召集地方百姓定期开会，从事救济慈善活动。梁其姿认为从需求面解释善会出现的原因是不具说服力的，应从施善者的主观角度分析善会的出现。首先看到的是贫富观念的变化，中国古代早期儒士认为贫富为道德中立，宋代仕宦以清贫来标榜节操，这些观念到了明清时期都已不再是主导思想。旧的价值标准已不足以应付现实生活，这样善会作为整顿社会秩序的策略登场了。从16世纪开始，行善似乎空前普遍，以散财行善方式换取地方社会的肯定，是地方上有一定财富者保持或提高其社会地位的新策略。就同善会的意识形态而言，其中有强化佛教的影响，也有起源于道教功过格累积功德的思想，但最主要的仍然是正统儒家的政治理念。

梁其姿对慈善组织在晚明兴起和清初发展的论述中，充分注意到佛教、道教和儒家思想的社会文化影响。与善书、善会大约同时兴起的还有糅合佛、道二教的宝卷与民间宗教结社，这些相同的社会文化现象，表明了三教合一的文化思潮给予社会生活的重大影响。

涵盖雍乾两朝的18世纪，是清代历史上社会安定、经济发展、人口猛增的鼎盛时期，雍正二年中央下诏鼓励地方建立普济育婴堂，并在经费上大力补助某些善堂，善堂成为官督民办组织。由于官方的积极介入，慈善组织的数量大大增加，而且在乾隆中后期还出现了施粮、清节、惜字会等综合性的新组织。盛世的慈善组织显示出"官僚化"的特色。梁氏给予"官僚化"充分的正面肯定："此时官僚对善堂的鼓励、补助、改革、扩建、整顿极为频繁，虽然因此一些善堂无可避免地被视为半个衙门，但是官僚介入仍然有相当积极的一面，尤其是在清理财务、解决管理人贪污舞弊方面，官方的权力仍有不可替代的作用。"（第129页）梁氏说："我们清楚地看到地方善士与官僚合作、互赖的紧密关系，以及他们在意识形态上的接近；乾隆同善会的重现是最佳例证。"（第129页）慈善政策和民间社会的关系、经济发展政策与市场的关系，这两方面均显示出相同的适应性。清代慈善政策无疑在相当程度上也是针对"人口问题"出现的，以解决社会问题，维持社会秩序，从而移风易俗。18世纪的清代虽然孕育着各种社会危机，但毕竟是社会发展时期，这种发展同清朝的努力是分不开的。社会政策、经济政策的成功，促使我们进一步思考清代的特色及国家与社会的关系。

乾隆中期以后慈善机构出现"儒生化"，这是梁其姿的一个基本观点。她以惜字会和清节堂为例加以论证。惜字就是尊重写有文字的纸屑，捡拾被丢弃的字纸于炉中焚化然后装罐投入水中，为此成立的组织是惜字会。本来惜字会与济贫无关，不过清中后期的不少惜字会也从事施棺、施药、施粥、济贫、掩骼等善举，其他综合性善堂兼有惜字活动，所以惜字会仍可视为善堂。耐人寻味的是乾隆后期以来大量出现的惜字会与文昌信仰有紧密的关联。文昌虽最初是儒生的职业神，但在清中后期已普遍为民间所崇拜，反映了儒生及其他阶层共有心态和价值。惜字活动结合着儒、道、释的宗教因素，其中以儒、道最为明显。因而惜字习俗主要源自文昌帝君的信仰。清代文昌信仰与惜字组织的关系说明，惜字会的普及就是文昌信仰的普及，即从儒生阶层普及到整个社会。惜字会的普及化也说明了清代通俗文化的复杂性与强化、儒生阶层的心态"世俗化"的发展。

梁其姿还提出，嘉庆、道光时期社会秩序逐渐松弛，社会精英采取了结合道德教化与比以前实际的对策，慈善组织的显著特色是在小社区的发展。在嘉庆、道光时期社会问题日益迫切和复杂的社会环境下，善堂的施济模式与前不同，其活动范围多在较小的社区，组织形态比前期善会灵活，主办人更多的是非官员身份的地方人士。善会善堂之所以分散在各乡镇中发展，原因是中央权力的松弛和小社区慈善组织形态比较容易配合"儒生化"的发展。梁氏的研究对认识清代嘉庆、道光时期的社会是有积极意义的，长期以来，由于把鸦片战争作为近代史界标和清史学科开展较晚的缘故，嘉庆、道光时期除了川楚陕起义、吏治，鸦片问题及个别思想研究较多外，其他问题探讨较少，缺乏对社会状况的全面深入认识。梁氏从慈善组织的角度，为我们阐述了该时期社会文化的特点，并有助于将清前期史和后期清代史贯通。

公共领域与公民社会的问题。因为明清善会、善堂有别于前代的新特色，是以无官衔的绅衿商人为主组织的长期、不属于宗教和宗族的慈善组织，使得慈善组织成为近年来谈论中"公共领域"的一部分。然而所谓国家与民间参与的"公共领域"，秦汉以来的中国很早就存在，传统中国社会本来就有一定的自主性，宗教、职业、慈善等社会组织长期存在。即使是清代所见新的善堂组织形态，其组织方式来源于地方农村自治组织及其他民间宗教传统。明清善堂最独特之处在于民间非宗教力量成为主要的、持久的、有组织的推动力，地方上绅衿、商人、一般富户、儒生甚至寻常百姓，成为善堂的主要资助者及管理者。换言之，清代善堂说明了中央与地方社会力量的新关系，大致说是一种官督民办的互赖和谐关系。善堂组织的"儒生化"并未扩大"公共领域"和产生新观念。"所以说，从明清慈善组织的历史发展看来，所谓'公共范围'虽然有发展地方社会自主的潜质。但是由于善堂领导阶层在意识形态上或社会身份上的限制，这个潜能并没有太大的发挥。反而，政府与社会力量在这个范围内找到了平衡，直到19世纪中叶，善会善堂成为稳定社会、巩固政权的地方组织"。（第253页）无论是"公共领域"还是社会福利，目前均为受人关注的问题，梁氏的研究成果具有重要的参考价值。

《施善与教化：明清的慈善组织》是一部很有特色的重要著作。1975年，作者于香港大学毕业后即赴法国留学5年，获法国高等社会科学研究院历史学博士学位，著作中洋溢着西方社会历史研究方法的气息。作者追求思想史与社会史的沟通，具体方法上采取从突出的社会现象变化入手，剖析行为者的思想共性、反映群体行为的精神生活，这是"心态史学"的方法，并且注意将中西方的社会文化进行比较。作者凭借2600多种地方志及其他丰富的资料，着力重建明清社会特别是江南地区比较活泼的社会图像，而又显示出擅长分析的特色。以扎实的资料为基础，使用新的理论方法求得社会历史实态，作者使我们领略了"新社会史"研究的风采。

（原载《中国史研究动态》1999年第3期）

研究卫所、军户与军役的优秀成果

　　于志嘉撰著的《卫所、军户与军役：以明清江西地区为中心的研究》一书，已由北京大学出版社出版。该书作者长期专注于明代卫所、军户与军役问题的研究，积累了丰富的文献资料和研究经验，这也使该书体现出较高的学术价值。

　　明朝以徭役定户籍，分民为军、民、匠、灶等籍。军户依规定不能分户，目的在于确保军役能持续不断。但作者认为，同一户下的人丁可依其居住地或附籍地分作"原籍军户""卫所军户"与"附籍军户"三部分。这三种群体分属于不同的管理体系，各有不同的赋役负担。该书在广泛收集史料的基础上，以明清时期的江西地区为中心，集中

《卫所、军户与军役：以明清江西地区为中心的研究》封面

探讨了"卫所军户"的户役负担与存在形态。作者不仅对卫所、军户、军役等论题有宏观上的认识，同时以明清地方志等原始史料为依托，对府级以下地方单位的个别状况亦有较为准确的掌握。该书内容虽然有近乎军制史、经济史甚至法制史的部分，但最终是为了说明"卫所军户"这一群体的存在形态，因此亦可将其列入社会史的范畴。

（原载《人民日报》2010年10月22日）

别样的清代社会史研究：《清代的皇权与世家》简评

　　赖惠敏撰著的《清代的皇权与世家》一书，已由北京大学出版社出版，该书以清代著名的世家大族——海宁陈氏、查氏，桐城张氏，山东孔氏及满洲钮祜禄氏等为研究重心，探讨了清代皇权对满汉世家的影响。作者跳出传统历史研究方法的窠臼，在充分掌握史料的基础上，借鉴人口统计、族谱分析等社会学研究方法，为认识有清一代的历史提供了新颖独特的视角。

　　目前，学术界关于家族史研究的成果比较丰硕。与其他研究成果相比，该书主要有两大特点：一是研究资料来源丰富。作者认为，中国传统社会的人际关系往往建立

《清代的皇权与世家》封面

在亲属、姻亲和门生故旧等基础上。要了解政治圈的人际网络，需要借助族谱中有关仕宦和婚姻纪录，所以族谱的史料价值不容忽视。在研究中，作者既利用旗人的家谱和户口册，也利用《内务府堂人事类》档案，还借助了年谱、墓志铭、士人诗文集等。二是研究角度新颖独特。该书对世家的家族形态、人口成长、地域分布及其与皇权的关系等论题展开全面的探讨，既注重从政治史的角度去观察世家的兴衰，也注意从经济史的角度去分析问题，同时还运用了人口史、家庭史的研究方法。在具体章节安排上，该书第一章讨论明末清初世家的形成与兴衰；第二章以海宁陈氏为例讨论明清浙西世家的婚姻，分析陈氏家族所建立的婚姻网络；第三章讨论明清海宁查、陈两家族的人口行为，包括两家族的生育率、结婚率、死亡率等，分析两家族的经济基础、科举人数；第四章讨论清代山东孔府的庄田，包括孔府庄田的来源、地租形态及其没落；第五章讨论乾隆朝初期的满党和汉党；第六章讨论清代的钮祜禄氏和他塔喇氏，包括其形成的历史背景和地域分布等；第七章是从高朴案看乾隆朝的内务府与商人；最后一章是讨论内务府辛者库人的家户与生计。

（原载《人民日报》2010年12月17日，署名裘实）

后 记

感谢刘进宝教授邀请我编辑本集，共襄雅事！

我从事历史普及读物的写作，出版过《中国古代岁时节日》《中国古代女性婚姻家庭》《清朝大历史》《乾隆事典》等书，本书的首篇文章就谈论到如何认识普及历史知识的问题。我写过一些学术短文，知道此类文字写得深入浅出不易，引人入胜更难，自己不过是不断练笔，熟能生巧而已。

我的短文随笔成集，这是首次。本集收录的38篇文章，平均下来每篇三四千字，内容多为学术信息类的书评，也有书序、笔谈、综述、时评等，题材不同，但尽量写得雅俗共赏，吸引读者。这其中例外收入长文《明清史学大家郑天挺》，因郑老是南开大学史学的"祖师爷"，而本文写法通俗，可读性强，于是收入本集。收入最短的文章只有大约四百字，属于"豆腐块"性质的图书简介。

长短不拘的文字面世，还要感谢那些发表文章的报纸杂志！其中包括报纸类的《人民日版》《光明日报》《中国社会科学报》《中华读书报》《北京日报》《社会科学报》，杂志类的《读书》《中国史研究动态》《中国学术》《民俗研究》《安徽史学》《清史研究》《清史论丛》《中国社会历史评论》及内部刊物《社会史研究通讯》，特别是自己主持的《社会史研究通讯》《中国社会历史评论》有时因版面所需，于是成文救急。

本书之外，我还有数十篇类似的短文随笔未能收入，将另外结集。

2023年11月20日于津门，12月30日修订